쓰면서 배우는
일본어 문자와 발음
BOOK

엮은이 **송상엽**은 대학에서 일본어를 전공하고 일본으로 건너가서 현지인과 함께 생활하면서 살아있는 생생한 일본어를 체험하고 돌아와 일본어를 잘하고 싶어하는 수많은 사람들을 위해 여러 교육기관에서 강의 활동을 했습니다. 지금은 일본어를 처음 배우려거나 다시 새롭게 시작하려는 분들을 위해 재미있고 쉬운 일본어 학습서 개발에 힘을 쏟고 있습니다.

쓰면서 배우는
일본어 문자와 발음 BOOK

2014년 08월 15일 초판 1쇄 발행
2022년 10월 20일 초판 27쇄 발행

엮은이 송상엽
발행인 손건
마케팅 최관호
디자인 김선옥
제작 최승용
인쇄 선경프린테크

발행처 **LanCom** 랭컴
주소 서울시 영등포구 영신로34길 19, 3층
등록번호 제 312-2006-00060호
전화 02) 2636-0895
팩스 02) 2636-0896
이메일 elancom@naver.com

ⓒ 랭컴 2014
ISBN 979-89-98469-32-0   13730

이 책의 저작권은 저자에게 있습니다. 저자와 출판사의 허락없이
내용의 일부를 인용하거나 발췌하는 것을 금합니다.

히라가나·카타카나 이보다 더 쉬울 순 없다

쓰면서 배우는

일본어 문자와 발음 BOOK

송상엽 엮음

LanCom
Language & Communication

이 책의 특징

처음 시작하는 일본어, 몇 번이고 망설였던 일본어, 단언컨대 이제는 히라가나와 카타카나의 쓰기와 발음을 제대로 익혀야 자신 있게 일본어 첫걸음을 시작할 수 있습니다. 이 책은 단순히 히라가나와 카타카나 펜맨십이 아닙니다. 일본어 문자와 발음은 물론 주제별 단어와 기초회화를 통해서 빠르고 쉽게 읽고 쓰기를 완벽하게 할 수 있도록 구성된 책입니다. 또한 랭컴출판사 홈페이지(www.lancom.co.kr)를 통해서 무료로 제공한 MP3 파일에는 일본인의 정확한 발음을 들을 수 있습니다.

PART 1 히라가나 쓰면서 익히기

히라가나는 일본어 문장을 표기할 때 대표적으로 쓰이는 문자입니다. 여기서는 히라가나의 필순에 맞춘 쓰기와 정확한 발음을 그림과 함께 단어를 보면서 쉽게 익힐 수 있도록 하였으며, 그밖에 탁음, 반탁음, 요음, 하네루 음, 촉음, 장음을 쓰면서 제대로 익힐 수 있도록 하였습니다.

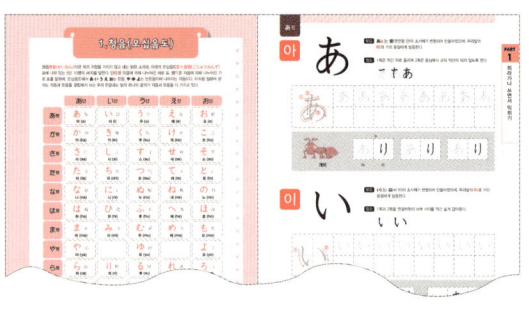

PART 2 카타카나 쓰면서 익히기

카타카나는 히라가나와 발음이 동일하지만 주로 외래어 등을 표기할 때 쓰는 문자입니다. 여기서는 카타카나의 필순에 맞춘 쓰기와 정확한 발음을 그림과 함께 단어를 보면서 쉽게 익힐 수 있도록 하였으며, 그밖에 탁음, 반탁음, 요음, 하네루 음, 촉음, 장음을 쓰면서 제대로 익힐 수 있도록 하였습니다.

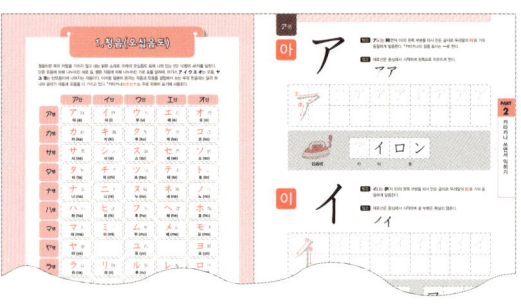

PART 3 주제별 단어로 문자와 발음 익히기

일상생활에서 쉽게 접할 수 있는 단어를 다섯 가지 주제로 분류하여 앞서 배운 히라가나와 카타카나의 문자와 발음을 쓰면서 반복 학습할 수 있도록 구성하였습니다. 발음은 일단 굳어지면 고치기가 어려우므로 처음부터 올바른 발음을 접하는 것이 중요합니다. 일본인의 발음을 몇 번이고 따라 들으면서 자기 것으로 만들도록 합시다.

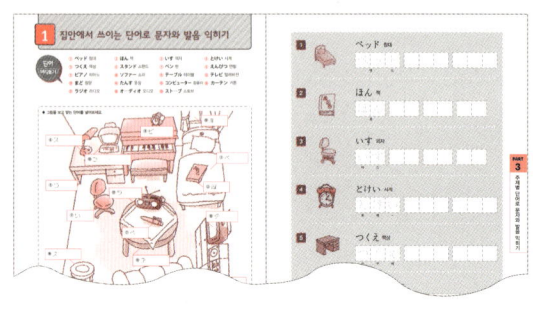

PART 4 기본회화로 문자와 발음 익히기

일본어 문장을 본격적으로 시작하기 전에 일상생활에서 가장 많이 쓰이는 기본적인 회화를 쓰면서 발음을 반복 학습할 수 있도록 구성하였습니다. 또한, 본사 홈페이지에서 무료로 제공하는 MP3 녹음에는 일본민이 천천히 또박또박 읽어주므로 큰소리로 따라서 반복하여 학습하기 바랍니다.

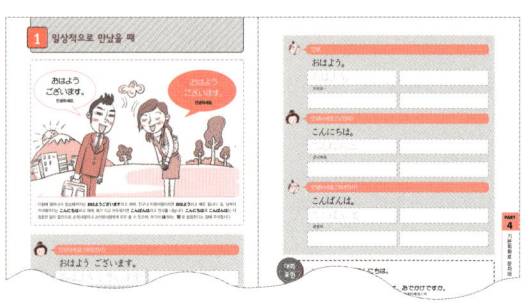

차 례

PART 1 히라가나 쓰면서 익히기

1. 청음 **8** / 2. 탁음 **37** / 3. 반탁음 **37** / 4. 요음 **41** / 5. 하네루 음 **46** / 6. 촉음 **47** / 7. 장음 **49**

PART 2 카타카나 쓰면서 익히기

1. 청음 **52** / 2. 탁음 **81** / 3. 반탁음 **81** / 4. 요음 **85** / 5. 하네루 음 **90** / 6. 촉음 **91** / 7. 장음 **93**

PART 3 주제별 단어로 문자와 발음 익히기

1. 집안에서 쓰이는 단어로 문자와 발음 익히기 **96** / 2. 의복에 관련된 단어로 문자와 발음 익히기 **100** / 3. 주방에 관련된 단어로 문자와 발음 익히기 **105** / 4. 스포츠와 취미 단어로 문자와 발음 익히기 **110** / 5. 가족에 관련된 단어로 문자와 발음 익히기 **114**

PART 4 기본회화로 문자와 발음 익히기

1. 일상적으로 만났을 때 **120** / 2. 외출하거나 집에 돌아왔을 때 **122** / 3. 고마움을 표시할 때 **124** / 4. 미안함을 나타낼 때 **126** / 5. 오랜만에 만났을 때 **128** / 6. 헤어질 때 **130** / 7. 안부를 물을 때 **132** / 8. 안부를 전할 때 **134** / 9. 처음 만났을 때 **136** / 10. 방문할 때 **138** / 11. 식사를 할 때 **140** / 12. 축하와 환영을 할 때 **142**

일본어 문자

일본어 문자는 특이하게 한자(**漢字**), 히라가나(**ひらがな**), 가타카나(**カタカナ**)를 병용해서 사용합니다. 히라가나와 가타카나를 합쳐서「**仮名文字**(가나문자)」라고 하며 우리 한글처럼 표음문자이며, 하나의 글자가 자음과 모음을 다 가지고 있습니다.

✿ 히라가나

ひらがな(히라가나)는 한자의 일부분을 따거나 초서체가 변형되어 만들어진 문자로 헤이안(9세기경) 시대 궁정귀족의 여성들에 의해 쓰인 문자로 지금은 문장을 표기할 때 일반적으로 가장 많이 쓰이는 문자이므로 일본어를 시작할 때는 반드시 익혀야 합니다.

✿ 가타카나

カタカナ(가타카나)는 한자의 일부분을 따거나 획을 간단히 한 문자로 헤이안 시대부터 스님들이 불경의 강독을 들을 때 그 발음을 표기하기 위해 쓰인 문자로 지금은 외래어, 전보문, 의성어 등, 어려운 한자로 표기해야 할 동식물의 명칭이나 문장에서 특별히 강조할 때도 사용합니다.

✿ 한　자

漢字(한자)는 내각고시로 제정한 상용한자(**常用漢字**) 1945자를 사용하고 있습니다. 한자의 읽기는 음독(**音読**)과 훈독(**訓読**)이 있으며 우리와는 달리 읽는 방법이 다양합니다. 또한 일부의 한자는 자획을 정리한 약자(**新字体**)를 사용하기 때문에 우리가 쓰는 정자(**正字**)로 표기하면 안 됩니다.

✿ 오십음도

가나(히라가나와 가타카나)문자를 행(**行**)과 단(**段**)으로 나누어 다섯 자씩 10행으로 배열한 것을 오십음도(**五十音図**)라고 합니다.

PART 1

히 라 가 나

쓰면서 익히기
ひらがな

- ✓ 1. 청음   8
- ✓ 2. 탁음   37
- ✓ 3. 반탁음   37
- ✓ 4. 요음   41
- ✓ 5. 하네루 음   46
- ✓ 6. 촉음   47
- ✓ 7. 장음   49

1. 청음(오십음도)

청음清音(せいおん)이란 목의 저항을 거치지 않고 내는 맑은 소리로, 아래의 오십음도五十音図(ごじゅうおんず) 표에 나와 있는 5단 10행의 46자를 말한다. 단段은 모음에 의해 나누어진 세로 표, 행行은 자음에 의해 나누어진 가로 표를 말하며, 오십음도에서 **あいうえお**는 모음, **やゆよ**는 반모음이며 나머지는 자음이다. 이처럼 일본어 문자는 자음과 모음을 결합해서 쓰는 우리 한글과는 달리 하나의 글자가 자음과 모음을 다 가지고 있다.

	あ단	い단	う단	え단	お단
あ행	あ 安 아 (a)	い 以 이 (i)	う 宇 우 (u)	え 衣 에 (e)	お 於 오 (o)
か행	か 加 카 (ka)	き 幾 키 (ki)	く 久 쿠 (ku)	け 計 케 (ke)	こ 己 코 (ko)
さ행	さ 左 사 (sa)	し 之 시 (si)	す 寸 스 (su)	せ 世 세 (se)	そ 曽 소 (so)
た행	た 太 타 (ta)	ち 知 치 (chi)	つ 川 츠 (tsu)	て 天 테 (te)	と 止 토 (to)
な행	な 奈 나 (na)	に 仁 니 (ni)	ぬ 奴 누 (nu)	ね 称 네 (ne)	の 乃 노 (no)
は행	は 波 하 (ha)	ひ 比 히 (hi)	ふ 不 후 (hu)	へ 部 헤 (he)	ほ 保 호 (ho)
ま행	ま 末 마 (ma)	み 美 미 (mi)	む 武 무 (mu)	め 女 메 (me)	も 毛 모 (mo)
や행	や 也 야 (ya)		ゆ 由 유 (yu)		よ 与 요 (yo)
ら행	ら 良 라 (ra)	り 利 리 (ri)	る 留 루 (ru)	れ 礼 레 (re)	ろ 呂 로 (ro)
わ행	わ 和 와 (wa)				を 袁 오 (o)
	ん 无 응 (n,m,ng)				

♣ 히라가나 옆에 표기한 한자는 자원으로 추정되는 글자이다.

 あ행

아

- **발음** あ[a]는 安(편안할 안)의 초서체가 변형되어 만들어졌으며, 우리말의 **아**와 거의 동일하게 발음한다.
- **필순** 1획은 약간 위로 올리며 2획은 중심에서 긋되 직선이 되지 않도록 한다.

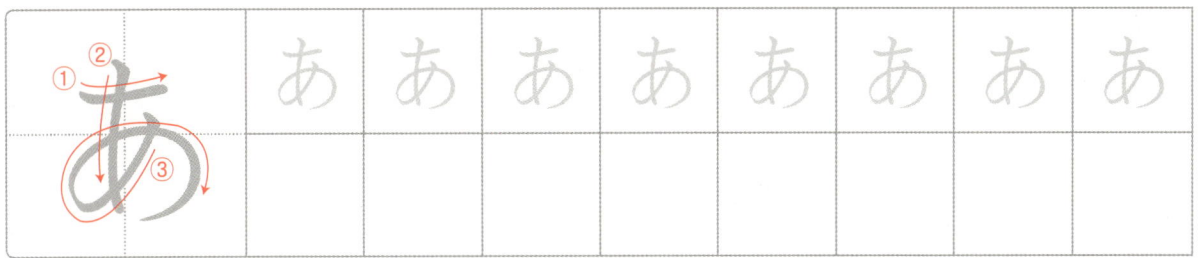

개미 / あり / 아리

이

- **발음** い[i]는 以(써 이)의 초서체가 변형되어 만들어졌으며, 우리말의 **이**와 거의 동일하게 발음한다.
- **필순** 1획과 2획을 연결하듯이 쓰며 사이를 약간 넓게 잡아준다.

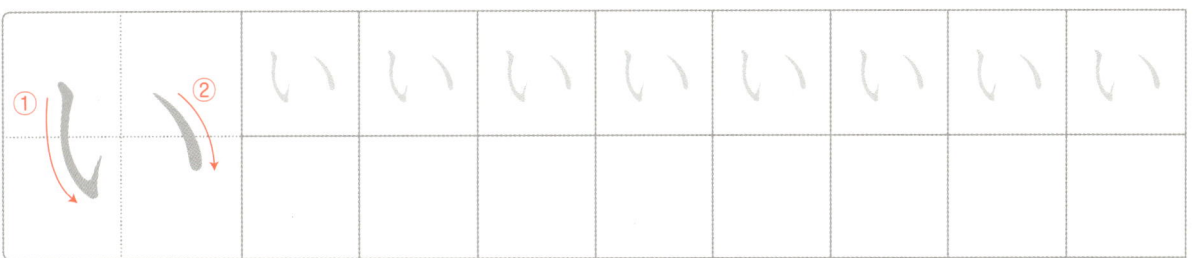

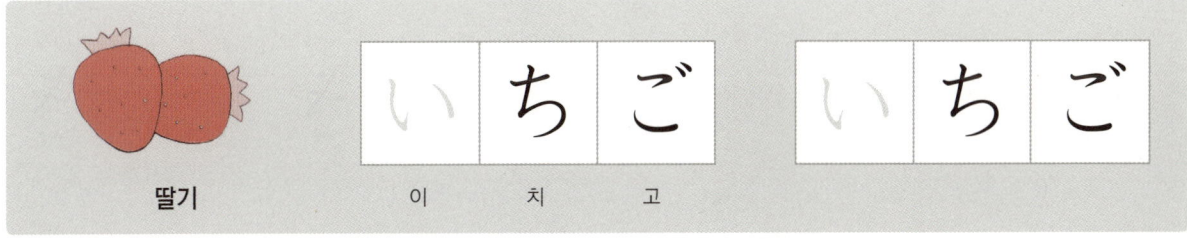

딸기 / いちご / 이 치 고

PART **1** 히라가나 쓰면서 익히기

발음 う[u]는 宇(집 우)의 초서체가 변형되어 만들어졌으며, 우리말의 **우**와 **으**의 중간음으로 입술이 앞으로 튀어나오지 않도록 발음한다.

필순 가로선 사이를 떼어주며 세로는 천천히 조금씩 세우듯이 그린다.

う	さ	ぎ		う	さ	ぎ

토끼   우 사 기

발음 え[e]는 衣(옷 의)의 초서체가 변형되어 만들어졌으며, 우리말의 **에**와 **애**의 중간음으로 발음한다.

필순 마지막 왼쪽 사선의 중심에서 시작하며 거의 삼각형이 되도록 한다.

え	き		え	き		え	き

역   에 끼

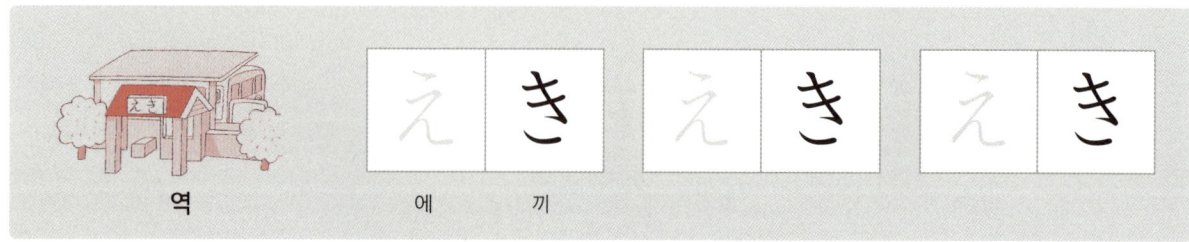

발음	**お**[o]는 於(어조사 어)의 초서체가 변형되어 만들어졌으며, 우리말의 **오**와 거의 동일하게 발음한다.
필순	마지막 획의 오른쪽 점을 높인다.

おおお

PART 1 히라가나 쓰면서 익히기

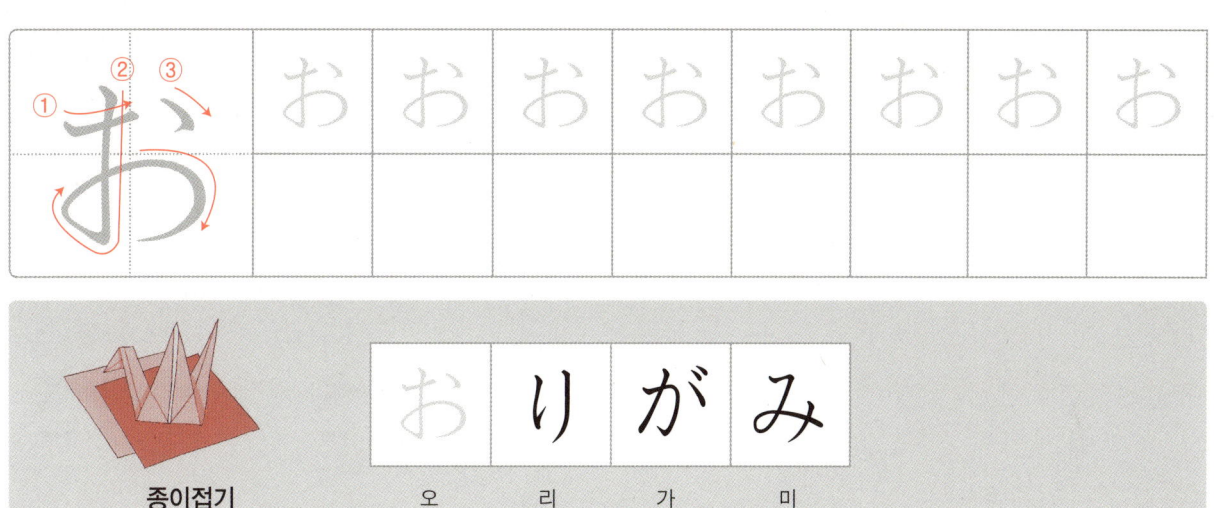

♣ 그림과 한글 발음을 보고 단어에 맞는 히라가나를 빈칸에 써넣어 보세요.

 か행

카

발음 か[ka]는 加(더할 가)의 초서체가 변형되어 만들어졌으며, **가**와 **카**의 중간음으로 단어의 첫음절이 아닌 중간이나 끝에 오면 **까**에 가깝게 발음한다.

필순 마지막 점의 높이를 맞춘다.

| か | さ | か | さ | か | さ |

우산   카   사

키

발음 き[ki]는 幾(몇 기)의 초서체가 변형되어 만들어졌으며, 우리말의 **기**와 **키**의 중간음으로 첫음절이 아닌 단어의 중간이나 끝에 오면 **끼**에 가깝게 발음한다.

필순 마지막 획은 전체적인 글자의 균형을 이루도록 왼쪽 부분을 맞춘다.

기린   키   링

발음 く[ku]는 久(오랠 구)의 초서체가 변형되어 만들어졌으며, 우리말의 **구**와 **쿠**의 중간음으로 첫음절이 아닌 단어의 중간이나 끝에 오면 **꾸**에 가깝게 발음한다.

필순 꺾는 부분을 각이 지지 않도록 약간 둥글게 한다.

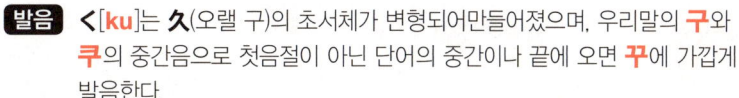

PART **1**

히라가나 쓰면서 익히기

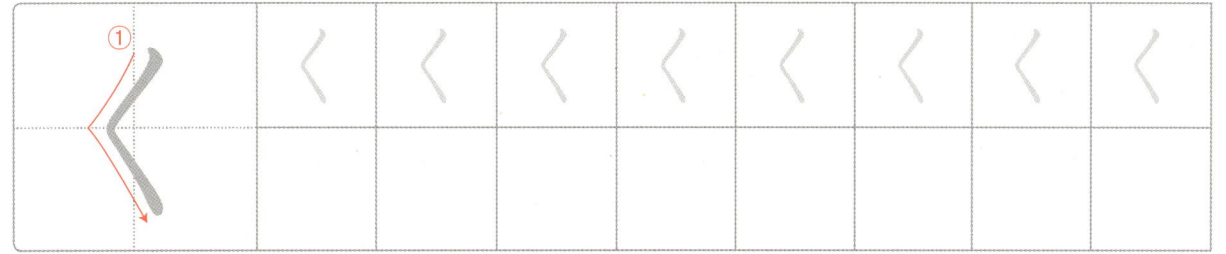

밤   쿠 리

발음 け[ke]는 計(꾀 계)의 초서체가 변형되어 만글어졌으며, 우리말의 **게**와 **케**의 중간음으로 단어의 첫음절이 아닌 중간이나 끝에 오면 **께**에 가깝게 발음한다.

필순 왼쪽 부분을 위로 끌어올려 연결하는 느낌으로 쓴다.

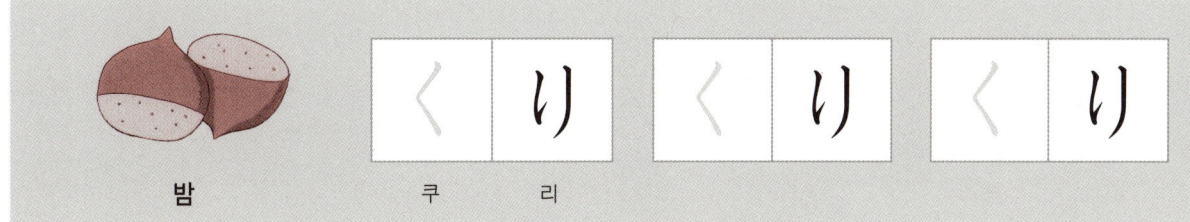

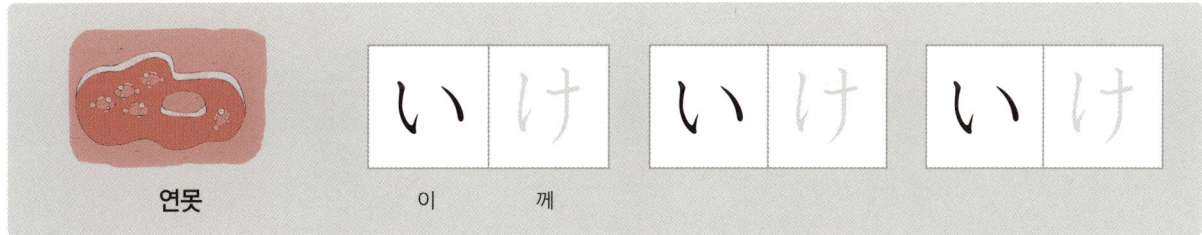

연못   이 께

13

발음 こ[ko]는 己(자기 기)의 초서체가 변형되어 만들어졌으며, 우리말의 고와 코의 중간음으로 단어의 첫음절이 아닌 중간이나 끝에 오면 꼬에 가깝게 발음한다.

필순 왼쪽 부분을 맞추며 위아래를 이어지듯이 쓴다.

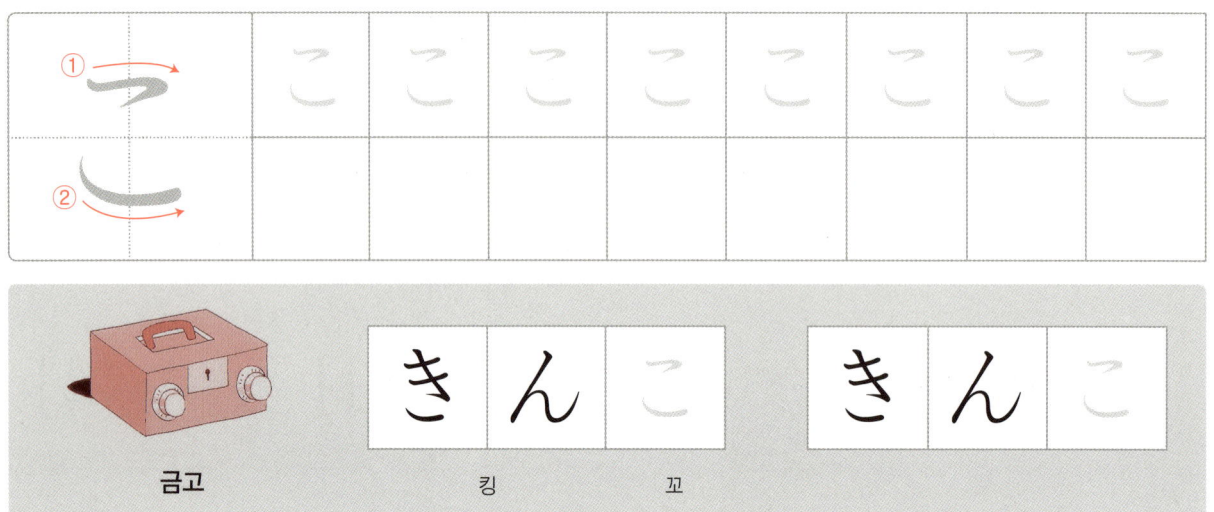

♣ 그림과 한글 발음을 보고 단어에 맞는 히라가나를 빈칸에 써넣어 보세요.

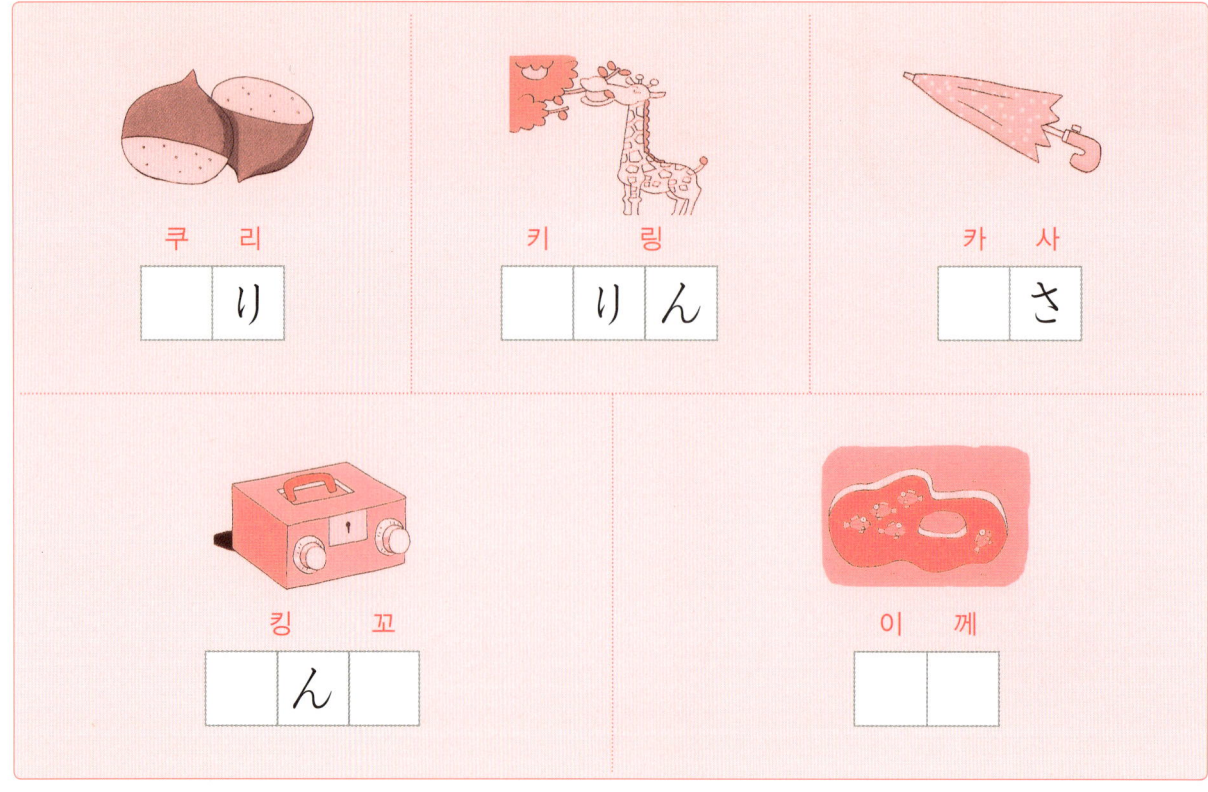

14

발음 さ[sa]는 左(왼 좌)의 초서체가 변형되어 만들어졌으며, 우리말의 **사**에 가깝게 발음한다.

필순 아랫부분이 중심에 걸리도록 쓴다.

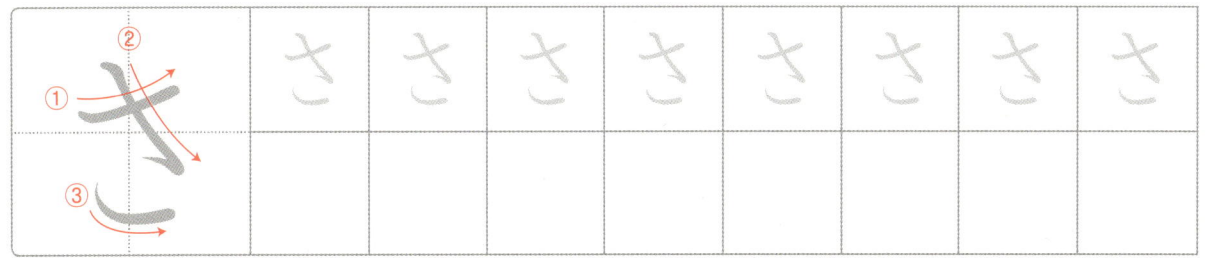

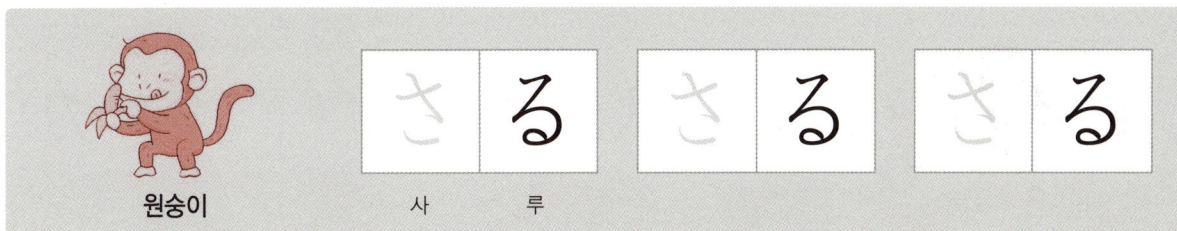

원숭이 — 사루

발음 し[si]는 之(갈 지)의 초서체가 변형되어 만들어졌으며, 우리말의 **쉬**에 가까운 **시**로 발음한다.

필순 천천히 쓰다가 꺾을 때는 둥글게 하여 재빠르게 쓴다.

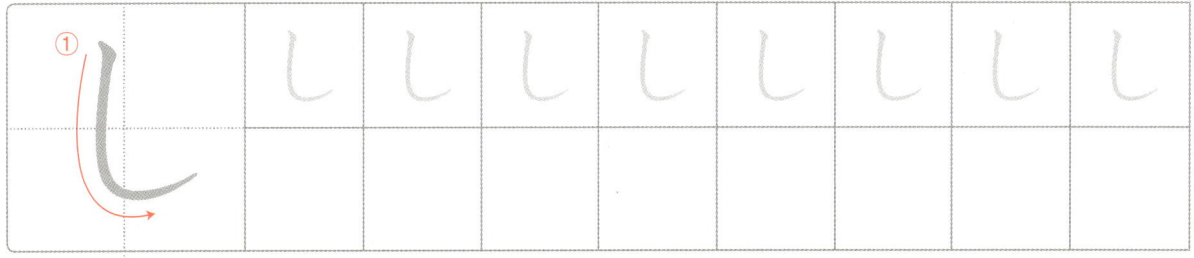

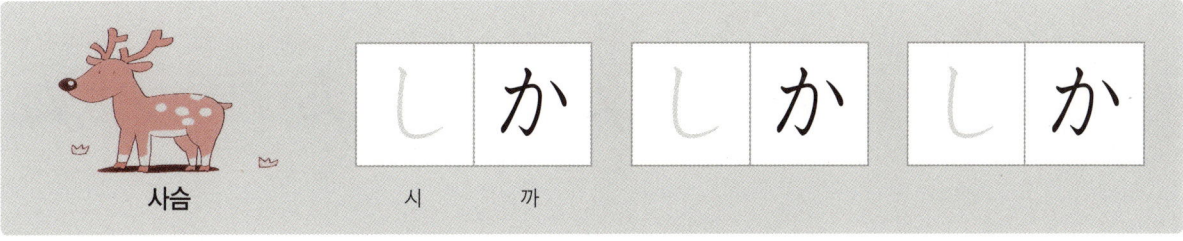

사슴 — 시까

PART 1 히라가나 쓰면서 익히기

발음 す[su]는 寸(마디 촌)의 초서체가 변형되어 만들어졌으며, 우리말의 **수**와 **스**의 중간음으로 **스**에 가깝게 발음한다.

필순 가운데 부분은 원으로 돌린 다음 왼쪽으로 짧게 뺀다.

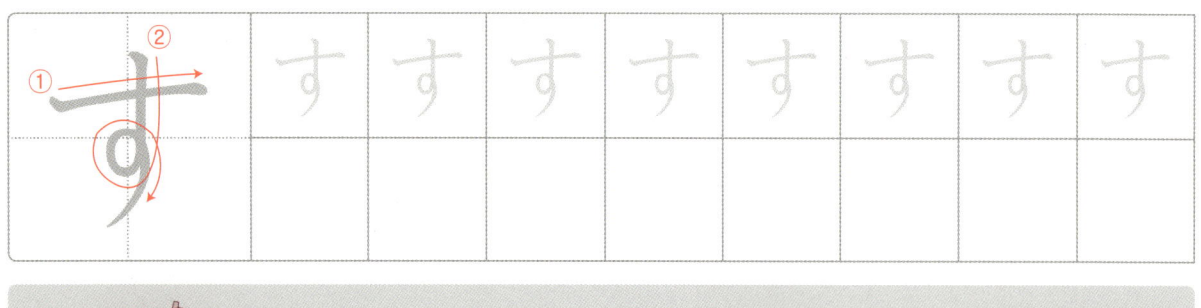

수박 — すいか — 스이까

발음 せ[se]는 世(인간 세)의 초서체가 변형되어 만들어졌으며, 우리말의 **세**와 비슷하게 발음한다.

필순 가로선을 오른쪽 위로 약간 올려 그린다.

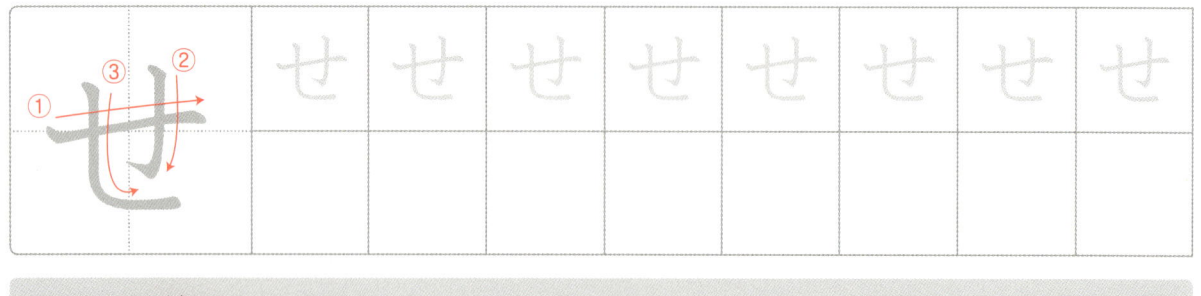

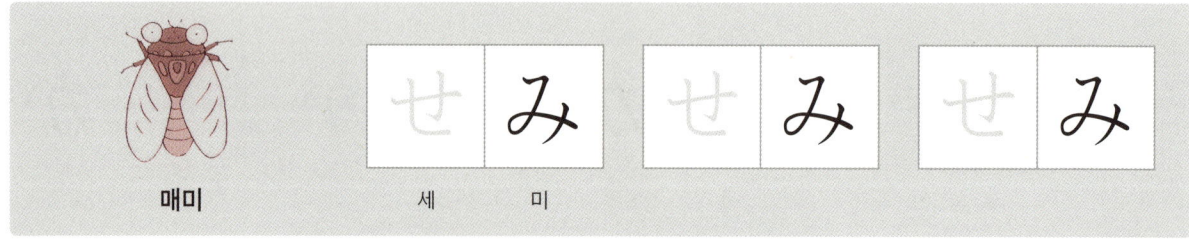

매미 — せみ — 세미

발음 そ[so]는 曾(일찍 증)의 초서체가 변형되어 만들어졌으며, 우리말의 **소**와 비슷하게 발음한다.

필순 끝 부분이 중심보다 길게 나오지 않게 한다.

PART **1** 히라가나 쓰면서 익히기

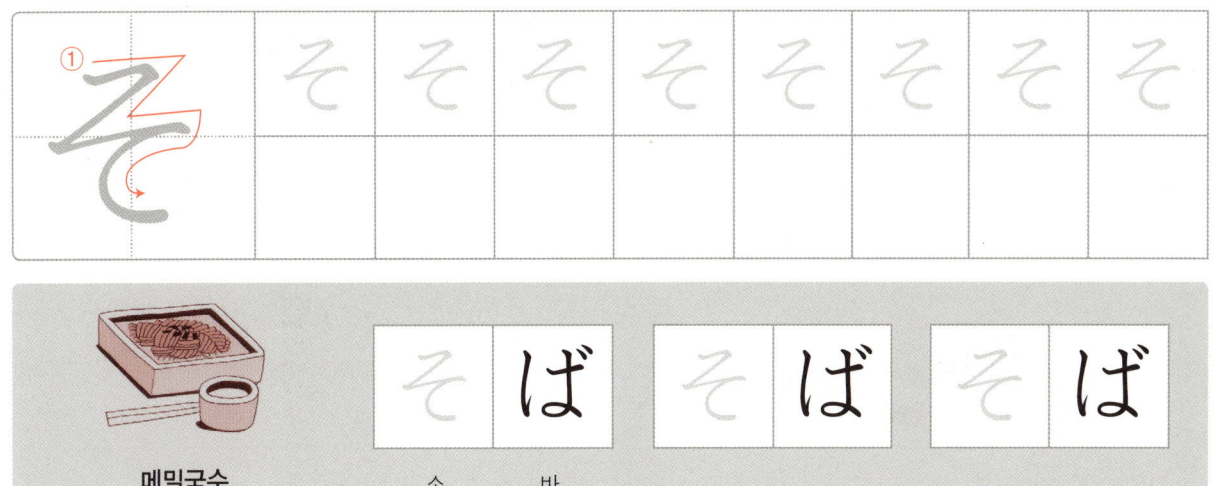

메밀국수 　　소 바

♣ 그림과 한글 발음을 보고 단어에 맞는 히라가나를 빈칸에 써넣어 보세요.

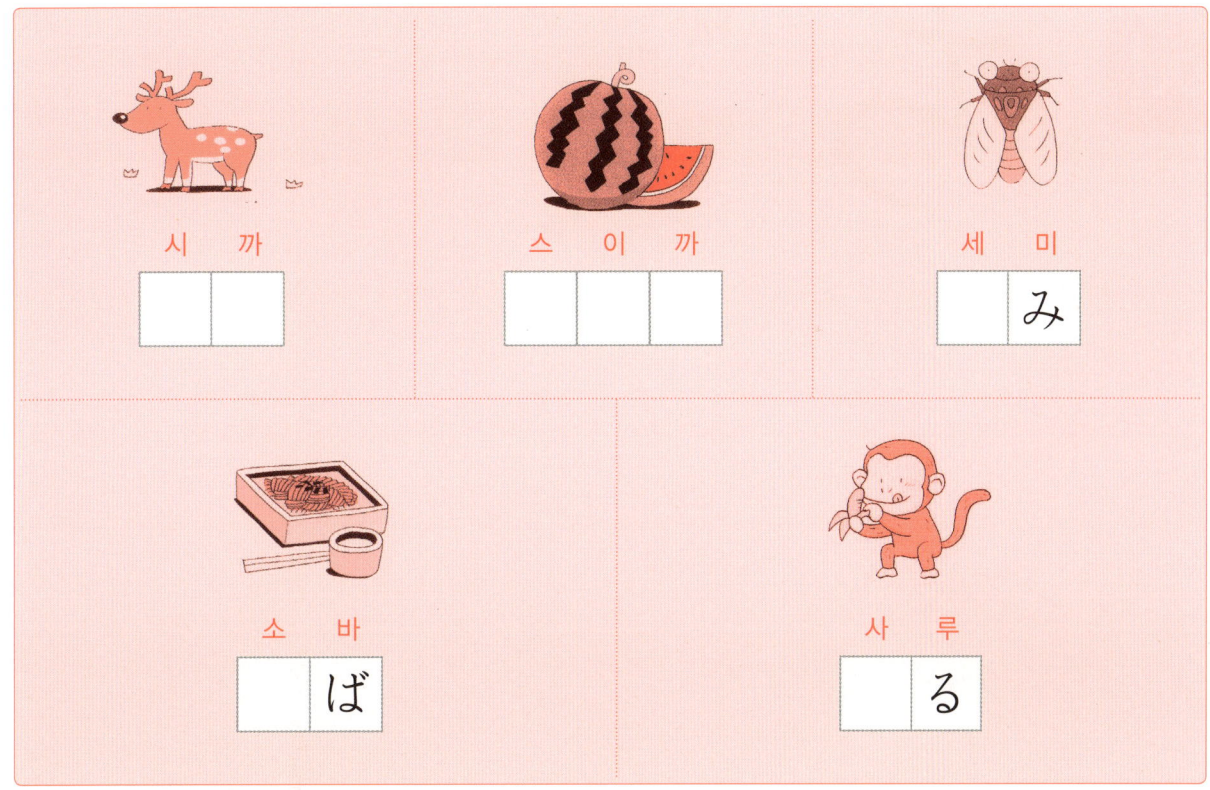

시 까

스 이 까

세 미　み

소 바　ば

사 루　る

た행

타

발음 た[ta]는 太(클 태)의 초서체가 변형되어 만들어졌으며, 우리말의 다와 타의 중간음으로 단어의 첫음절이 아닌 중간이나 끝에 올 때는 따에 가깝게 발음한다.

필순 왼쪽 부분은 약간 기울어지게 하며 오른쪽 아랫부분은 위아래를 맞춘다.

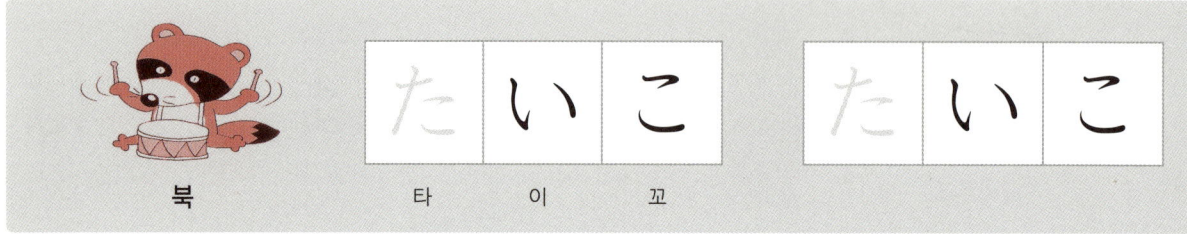

북 — たいこ 타이꼬

치

발음 ち[chi]는 知(알 지)의 초서체가 변형되어 만들어졌으며, 우리말의 치와 찌의 중간음으로 단어의 첫음절이 아닌 중간이나 끝에 올 때는 찌에 가깝게 발음한다.

필순 아래의 가로 방향은 천천히 돌려 뺀다.

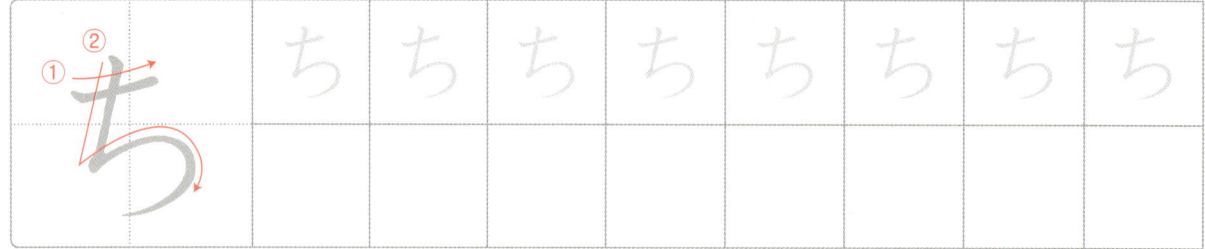

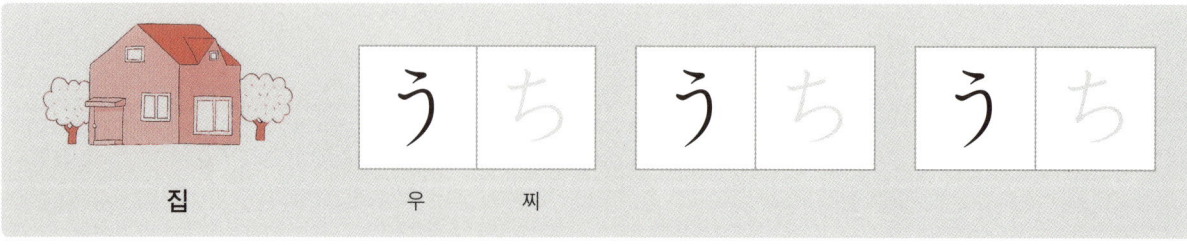

집 — うち 우찌

 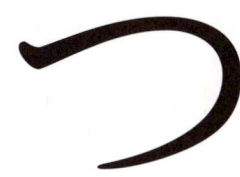

발음 つ[tsu]는 川(내 천)의 초서체가 변형되어 만들어졌으며, 우리말의 **쓰**, **쯔**, **츠**의 복합적인 음으로 단어의 중간이나 끝에 올 때는 약간 된소리로 발음한다.

필순 가로 방향을 길게 한다.

PART 1 히라가나 쓰면서 익히기

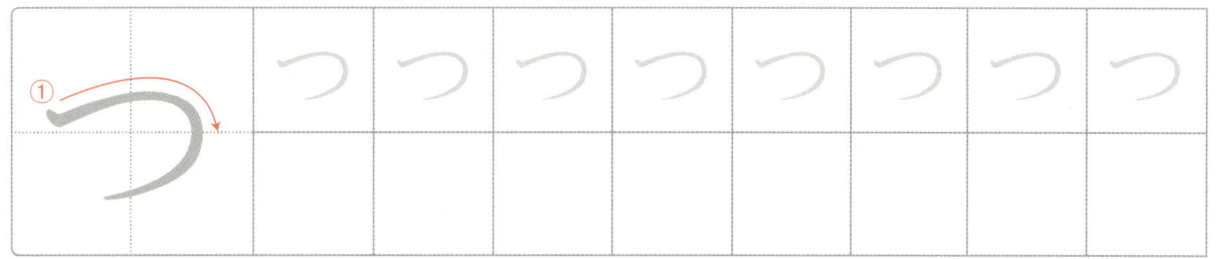

제비 / 츠 바 메

발음 て[te]는 天(하늘 천)의 초서체가 변형되어 만들어졌으며, 우리말의 **데**와 **테**의 중간음으로 단어의 첫음절이 아닌 중간이나 끝에 올 때는 **떼**에 가깝게 발음한다.

필순 아랫부분은 오른쪽 윗부분과 맞춘다.

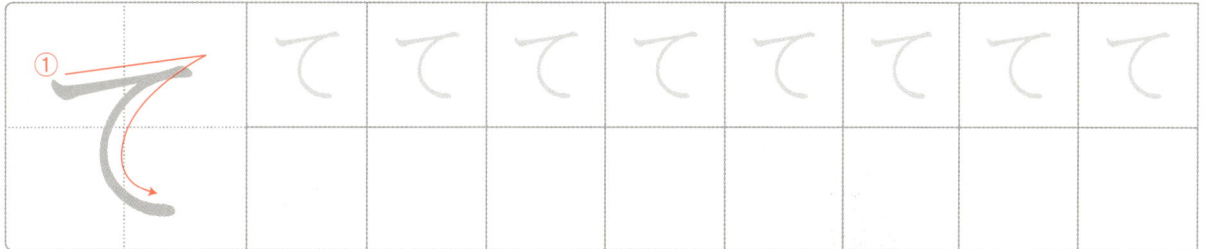

장갑 / 테 부 꾸 로

발음 と[to]는 止(그칠 지)의 초서체가 변형되어 만들어졌으며, 우리말의 도와 토의 중간음으로 단어의 첫음절이 아닌 중간이나 끝에 올 때는 또에 가깝게 발음한다.

필순 아랫부분과 오른쪽 윗부분을 맞추며 1획은 2획의 거의 중심에 둔다.

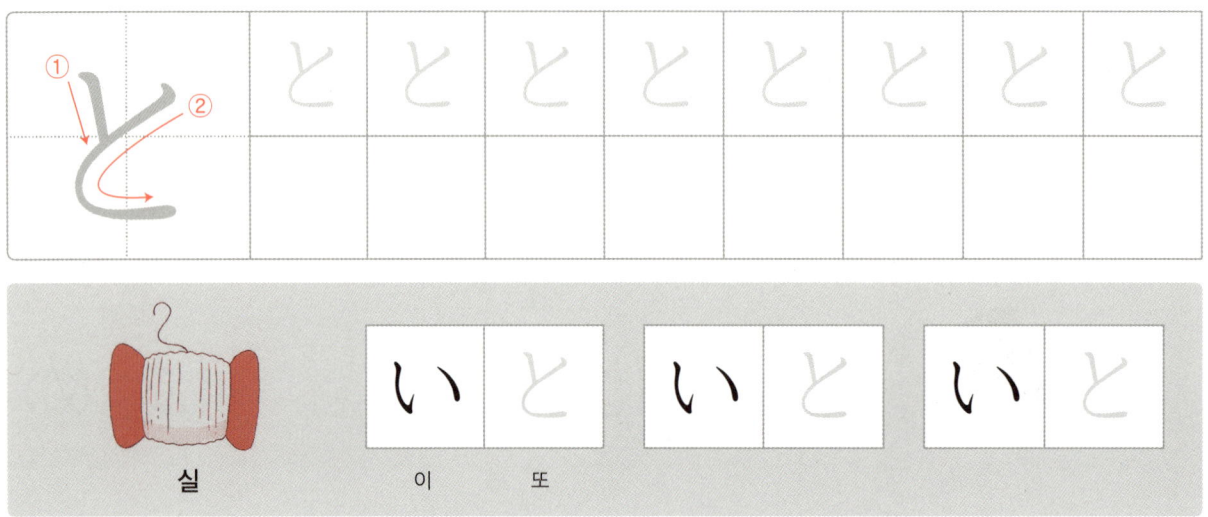

♣ 그림과 한글 발음을 보고 단어에 맞는 히라가나를 빈칸에 써넣어 보세요.

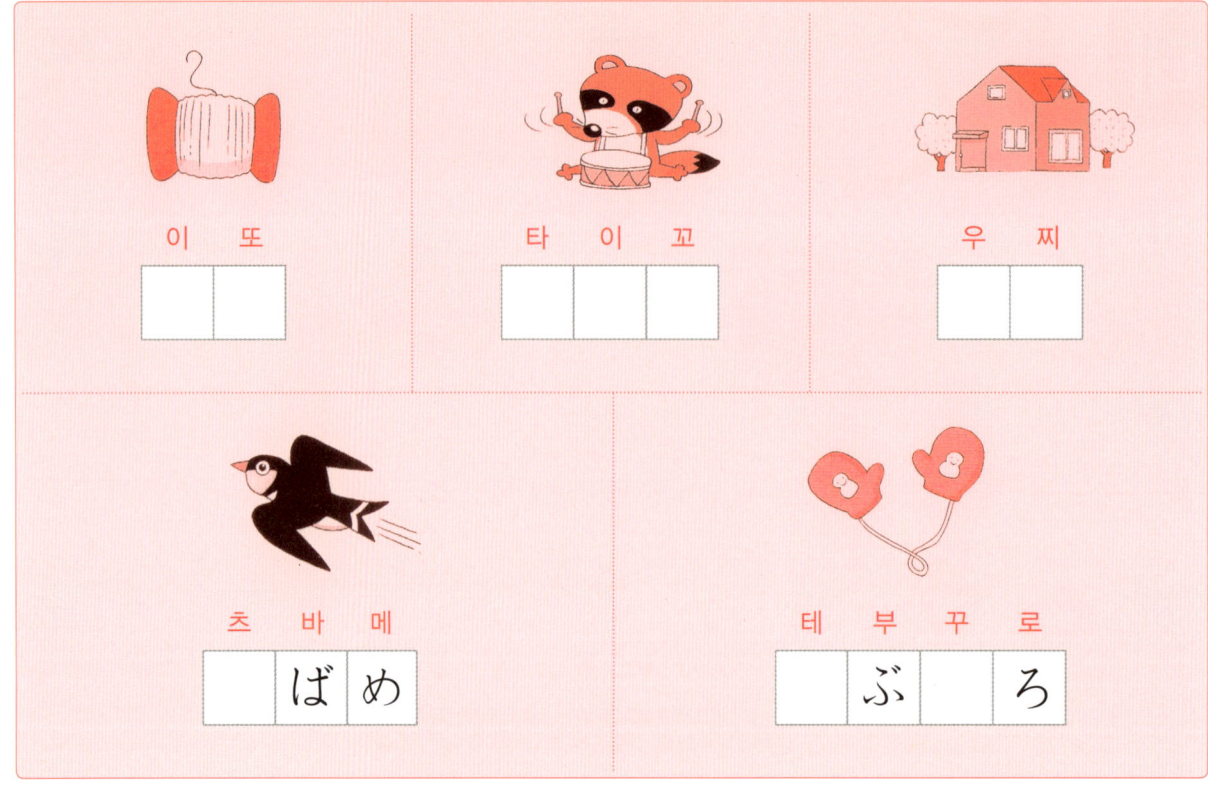

 な행

な

발음 な[na]는 奈(어찌 나)의 초서체가 변형되어 만들어졌으며, 우리말의 나와 거의 동일하게 발음한다.

필순 마지막 오른쪽 아래의 돌리는 부분에 주의한다.

なななな

	な	な	な	な	な	な	な

가지 | な | す | な | す | な | す |
나 스

に

발음 に[ni]는 仁(어질 인)의 초서체가 변형되어 만들어졌으며, 우리말의 니와 거의 동일하게 발음한다.

필순 왼쪽에서 오른쪽으로 이어 쓰듯이 한다.

にににに

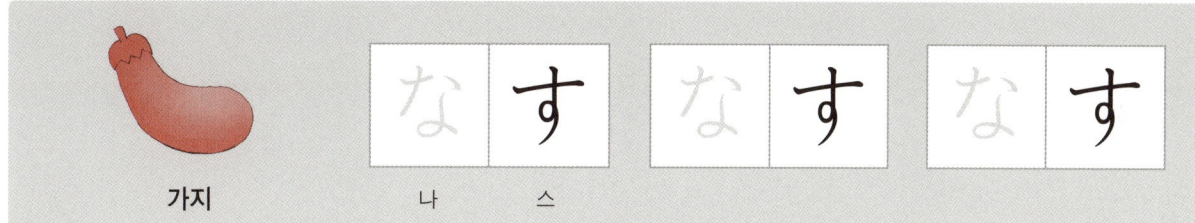

	に	に	に	に	に	に	に

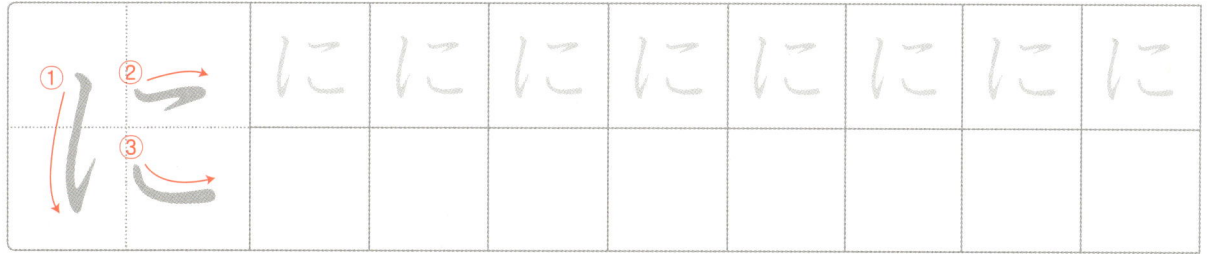

닭 | に | わ | と | り |
니 와 또 리

PART 1 히라가나 쓰면서 익히기

발음 ぬ[nu]는 奴(종 노)의 초서체가 변형되어 만들어졌으며, 우리말의 **누**와 거의 동일하게 발음한다.

필순 세로선은 사선으로 교차시키며 아랫부분은 거의 맞추듯이 그린다.

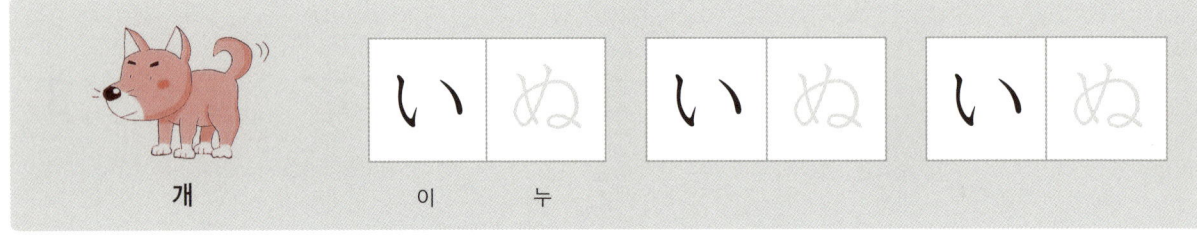

개 / いぬ 이누

발음 ね[ne]는 称(일컬을 칭)의 초서체가 변형되어 만들어졌으며, 우리말의 **네**와 거의 동일하게 발음한다.

필순 끝 부분은 왼쪽 가로선보다 약간 위에 맞춘다.

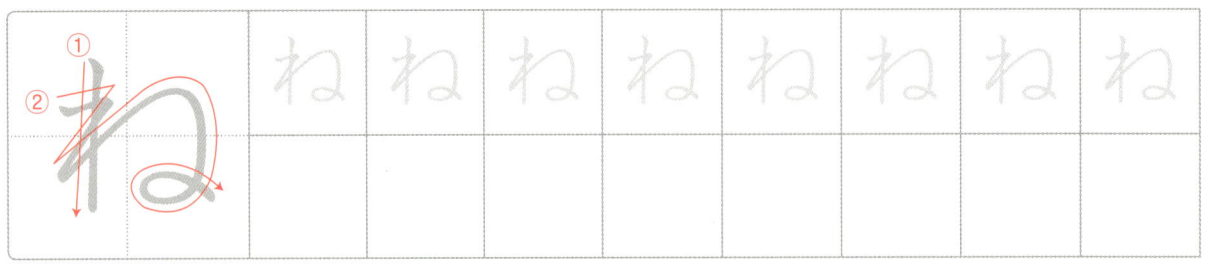

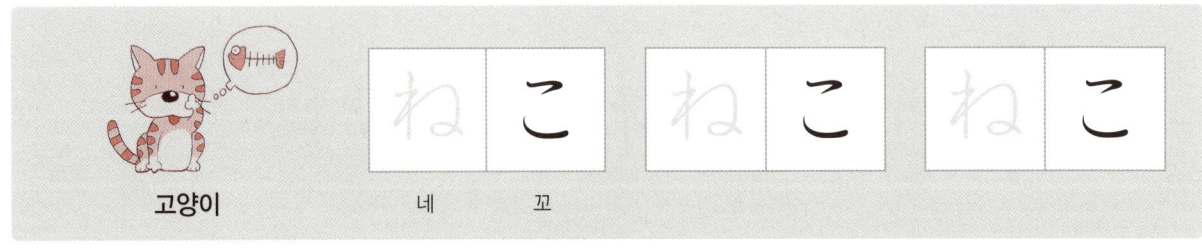

고양이 / ねこ 네꼬

발음 の[no]는 乃(이에 내)의 초서체가 변형되어 만들어졌으며, 우리말의 **노**와 거의 동일하게 발음한다.

필순 너무 둥글게 하지 않으며 가운데 선은 거의 중앙에 위치한다.

PART 1 히라가나 쓰면서 익히기

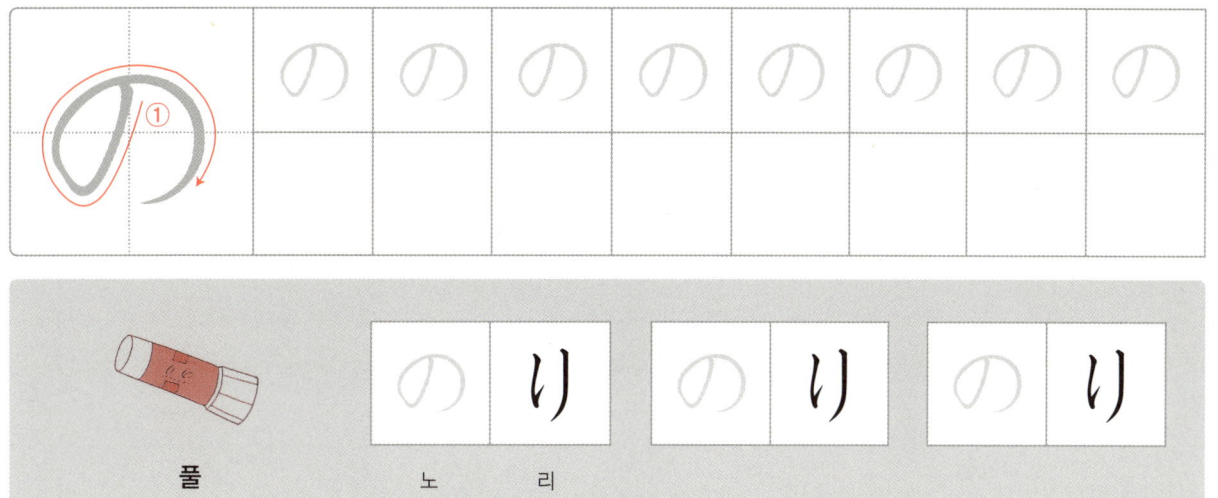

풀   노 리

♣ 그림과 한글 발음을 보고 단어에 맞는 히라가나를 빈칸에 써넣어 보세요.

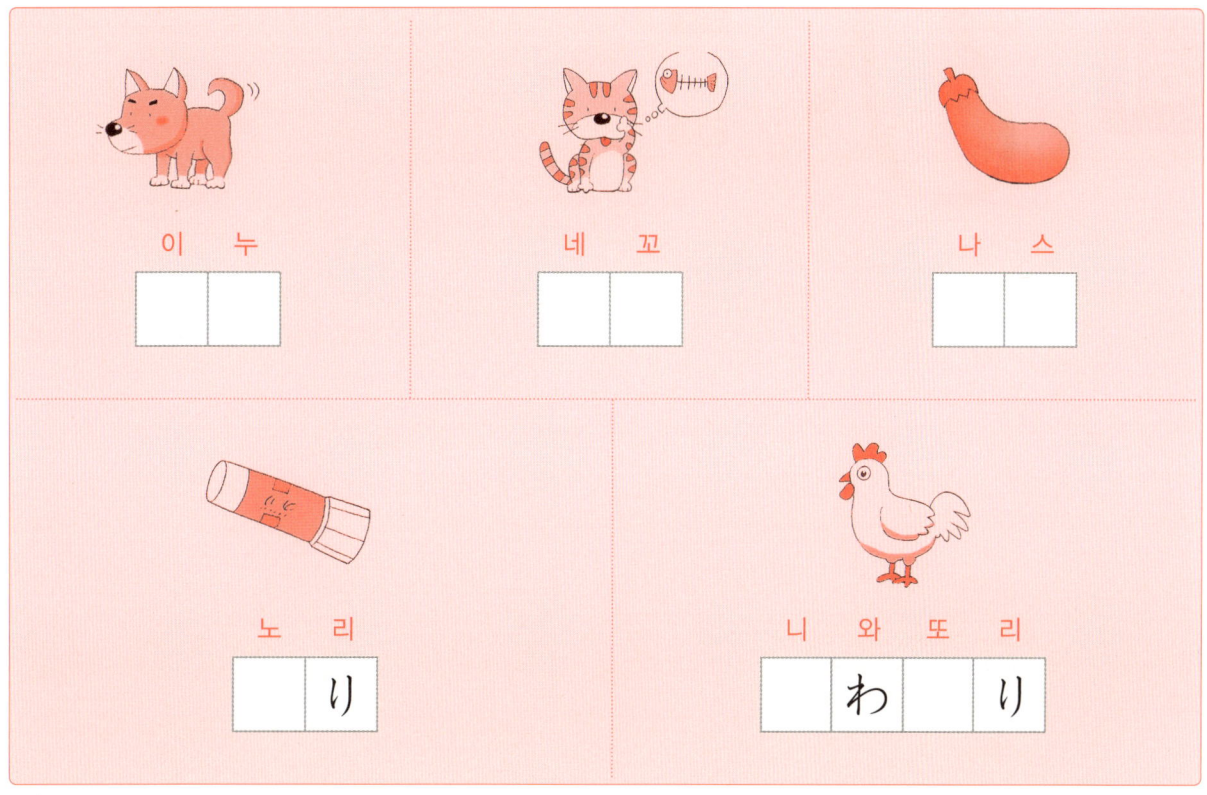

이 누   네 꼬   나 스

노 리   니 와 또 리

 は행

발음 は[ha]는 波(물결 파)의 초서체가 변형되어 만들어졌으며, 우리말의 **하**와 거의 동일하게 발음하며, 조사로 쓰일 때는 **와**로도 발음한다.

필순 끝부분은 왼쪽보다 약간 위에서 원을 그린다.

はははは

가위 — は さ み — 하 사 미

발음 ひ[hi]는 比(견줄 비)의 초서체가 변형되어 만들어졌으며, 우리말의 **히**와 거의 동일하게 발음한다.

필순 왼쪽에서 천천히 그리다가 빨리 올린 다음 내린다.

ひ

병아리

히 나

후

발음 ふ[hu]는 不(아닐 부)의 초서체가 변형되어 만들어졌으며, 우리말의 **후**와 거의 동일하게 발음한다.

필순 아래쪽 끝 부분은 왼쪽보다 약간 높인다.

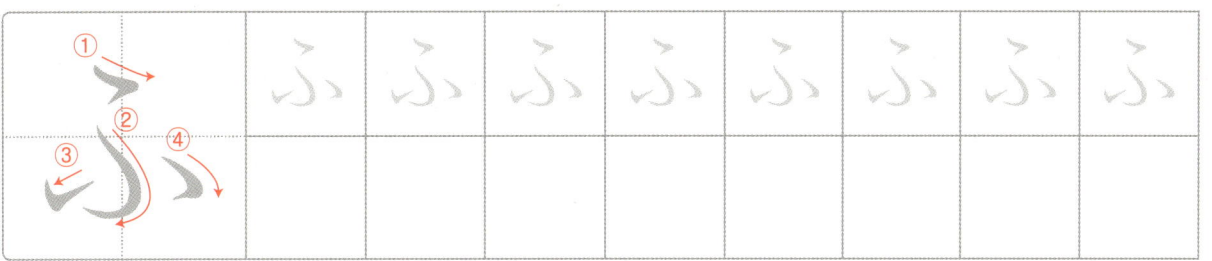

부엉이	ふ	く	ろ	う
	후	꾸	로	우

헤

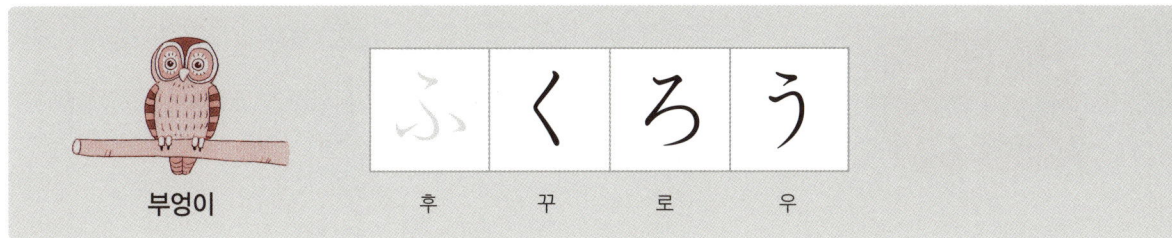

발음 へ[he]는 部(거느릴 부)의 오른쪽 부분이 초서체로 변형되어 만들어졌으며, 우리말의 **헤**와 거의 동일하게 발음하며, 조사로 쓰일 때는 **에**로도 발음한다.

필순 약간 끌어올려 길쭉하게 아래로 내려쓰며 꺾이는 부분은 각이 지지 않도록 한다.

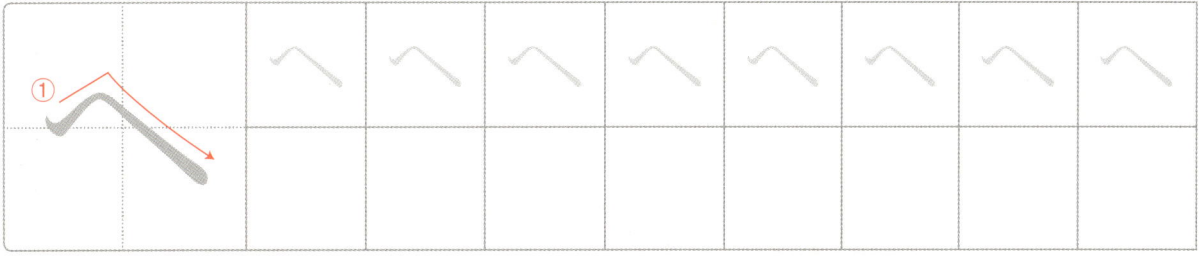

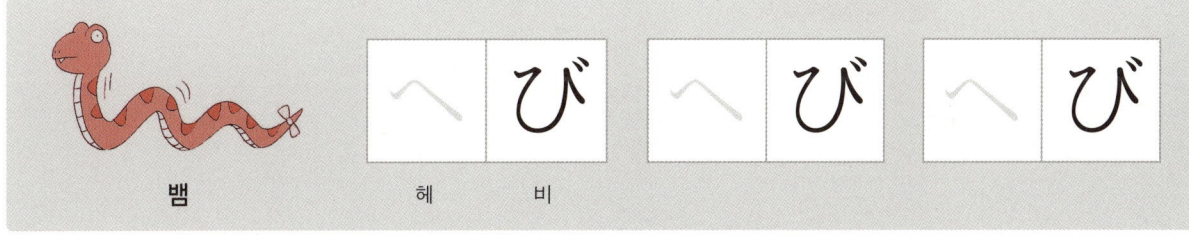

뱀	へ	び	へ	び	へ	び
	헤	비				

PART 1 히라가나 쓰면서 익히기

발음 ほ[ho]는 保(지킬 보)의 초서체가 변형되어 만들어졌으며, 우리말의 호와 거의 동일하게 발음한다.

필순 오른쪽 끝 부분의 돌리는 부분은 왼쪽보다 높게 잡는다.

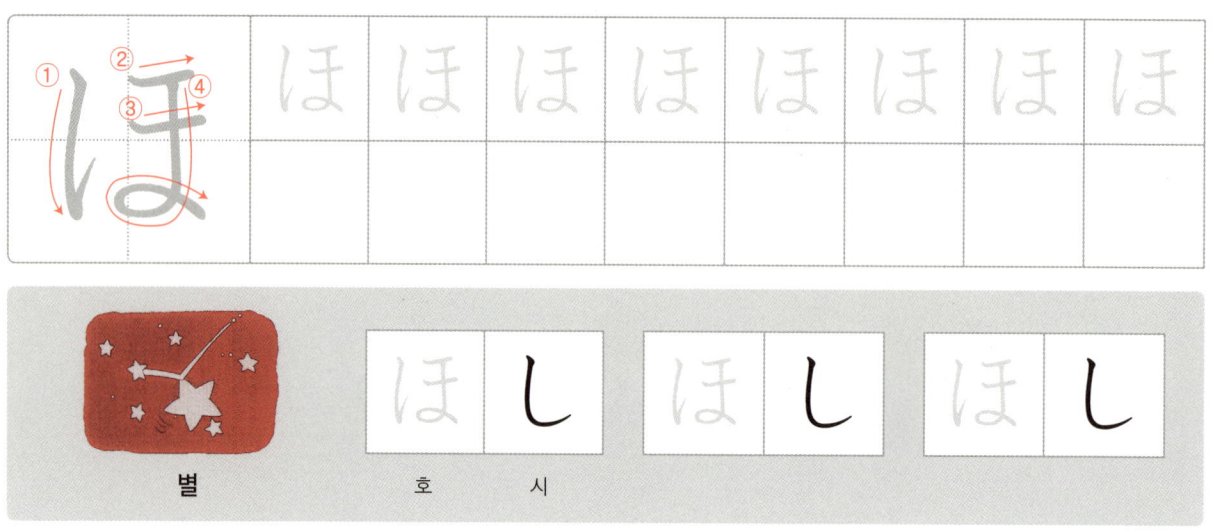

♣ 그림과 한글 발음을 보고 단어에 맞는 히라가나를 빈칸에 써넣어 보세요.

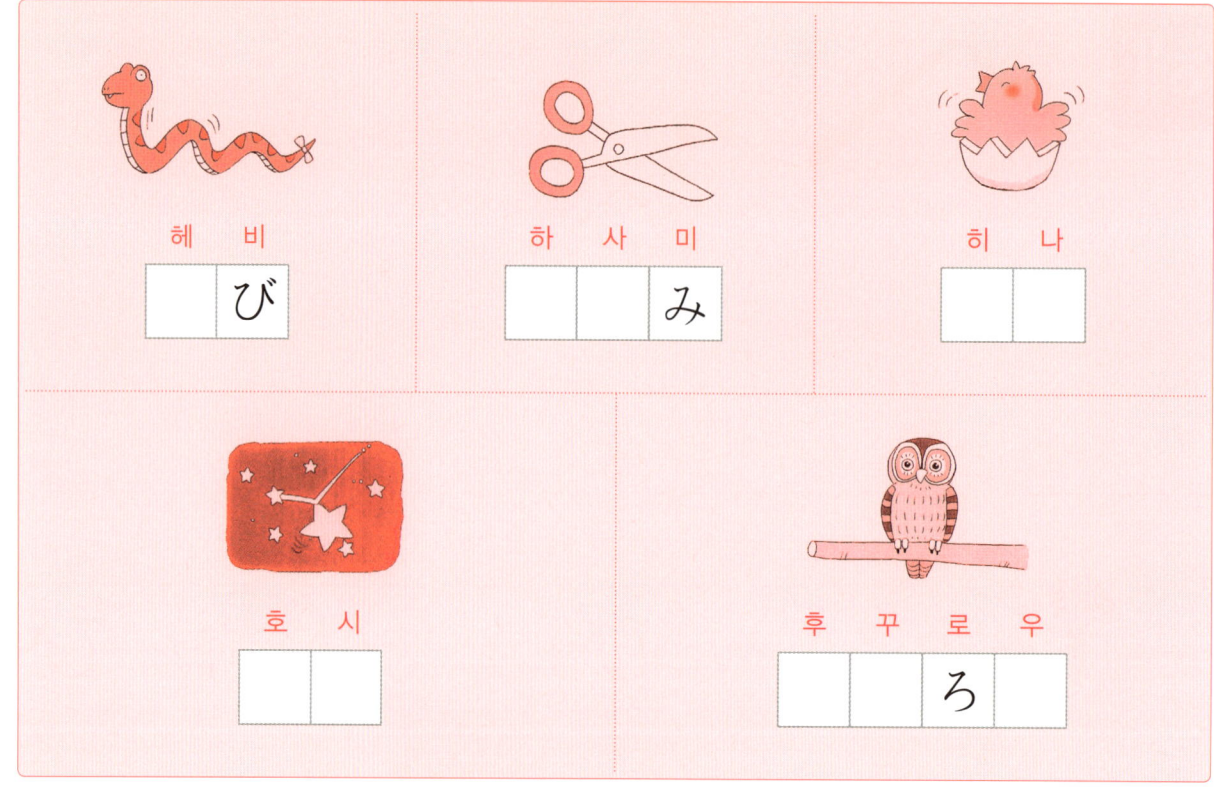

 ま행

 마

발음 ま[ma]는 未(아닐 미)의 초서체가 변형되어 만들어졌으며, 우리말의 **마**와 거의 동일하게 발음한다.

필순 돌리는 부분에 주의한다.

말 　 우 마

 미

발음 み[mi]는 美(아름다울 미)의 초서체가 변형되어 만들어졌으며, 우리말의 **미**와 거의 동일하게 발음한다.

필순 끝 부분은 이어지듯이 돌려 밑으로 뺀다.

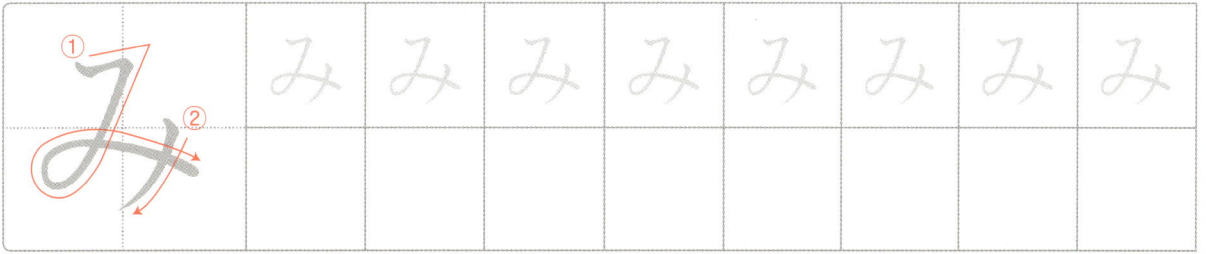

귤 　 미 깡

PART 1

히라가나 쓰면서 익히기

발음 む[mu]는 武(굳셀 무)의 초서체가 변형되어 만들어졌으며, 우리말의 **무**와 거의 동일하게 발음한다.

필순 끝 부분의 점은 사선이 되게 그린다.

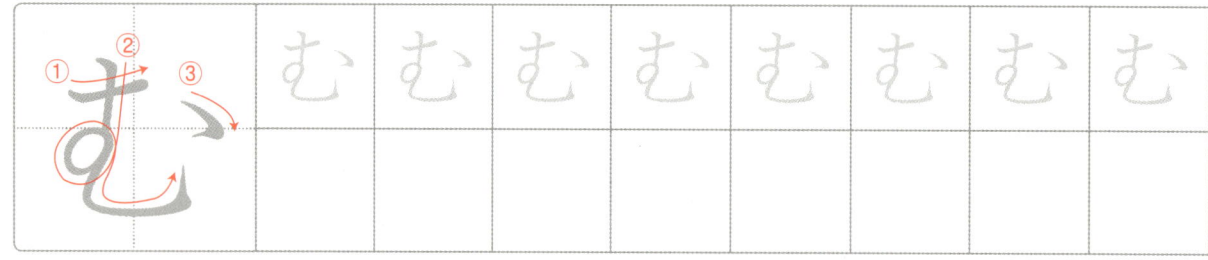

벌레 | 무 시

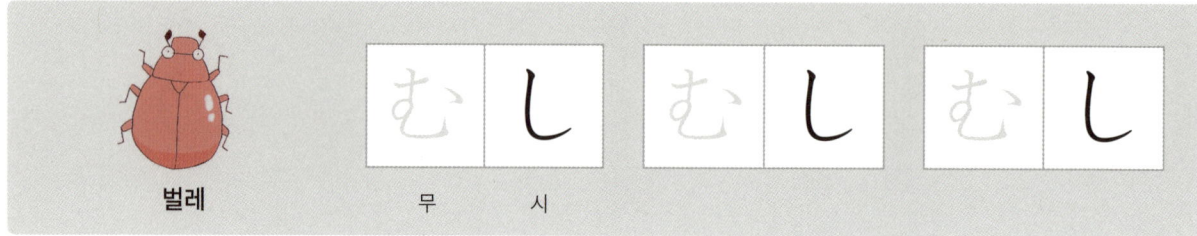

발음 め[me]는 女(계집 녀)의 초서체가 변형되어 만들어졌으며, 우리말의 **메**와 거의 동일하게 발음한다.

필순 가로선이 사선으로 교차되게 약간 안쪽으로 기울여 쓴다.

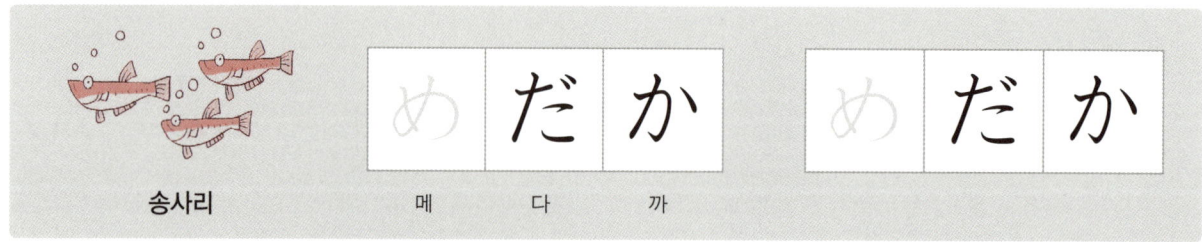

송사리 | 메 다 까

발음 も[mo]는 毛(터럭 모)의 초서체가 변형되어 만들어졌으며, 우리말의 모와 거의 동일하게 발음한다.

필순 세로선은 낚싯바늘을 그리듯이 한다.

♣ 그림과 한글 발음을 보고 단어에 맞는 히라가나를 빈칸에 써넣어 보세요.

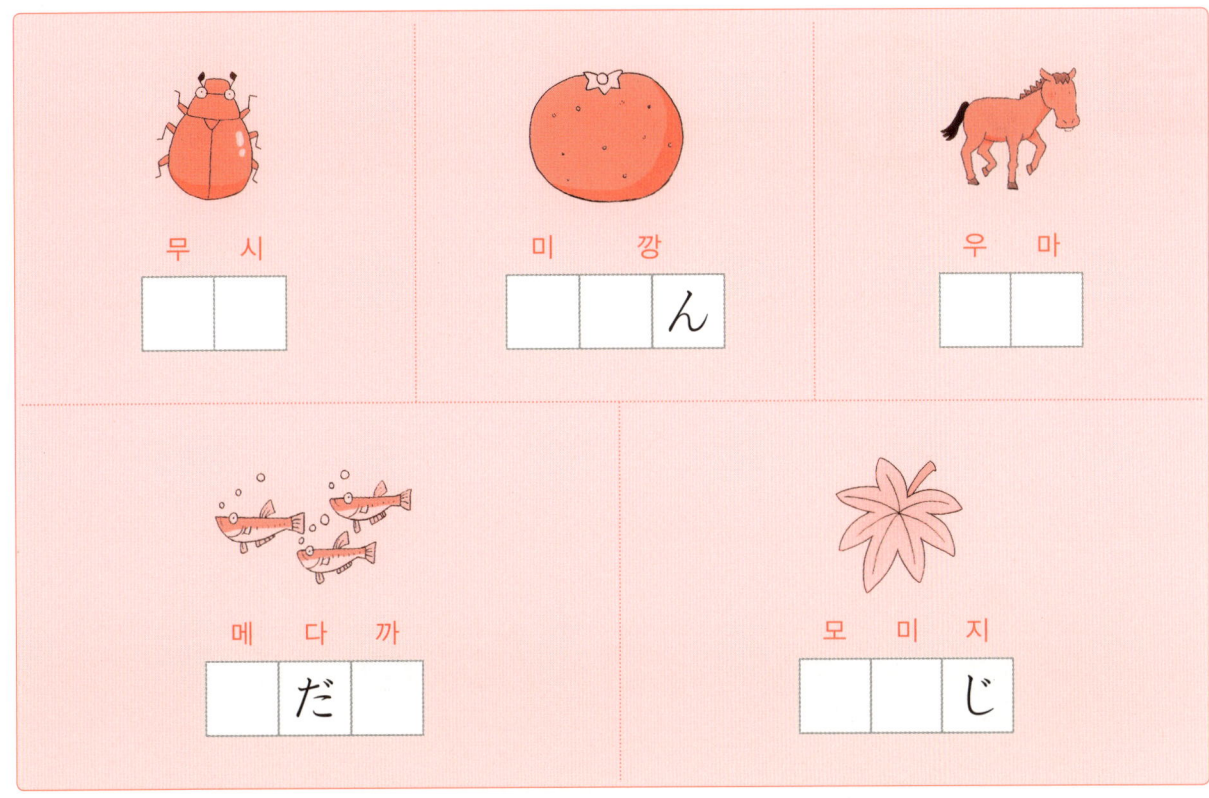

발음 や[ya]는 也(어조사 야)의 초서체가 변형되어 만들어졌으며, 우리말의 야와 거의 동일하게 발음한다.

필순 가로선 끝은 약간 올려 낚싯바늘을 그리듯이 한다.

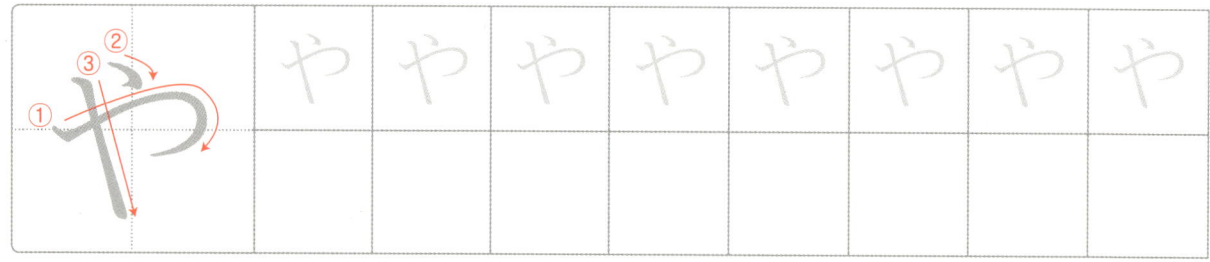

주전자 — や か ん / や か ん
야 깡

발음 ゆ[yu]는 由(말미암을 유)의 초서체가 변형되어 만들어졌으며, 우리말의 유와 거의 동일하게 발음한다.

필순 가로선의 길이에 주의하며 약간 안쪽을 기울여 쓴다.

ゆ ゆ

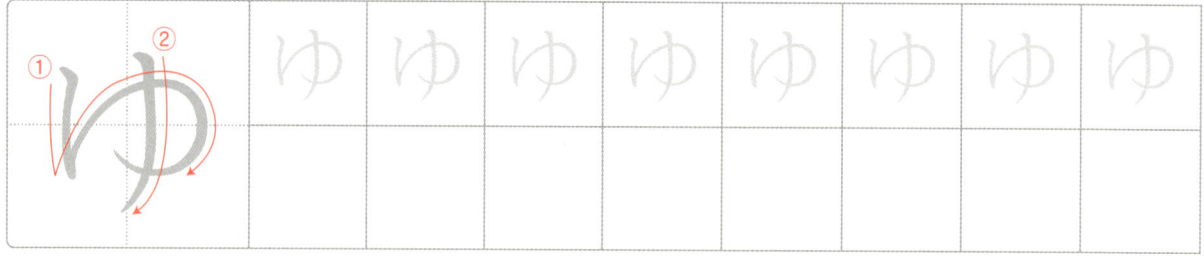

눈사람 — ゆ き だ る ま
유 끼 다 루 마

발음 よ[yo]는 与(줄 여)의 초서체가 변형되어 만들어졌으며, 우리말의 **요**와 거의 동일하게 발음한다.

필순 아래의 실처럼 묶는 부분에 주의한다.

PART 1

히라가나 쓰면서 익히기

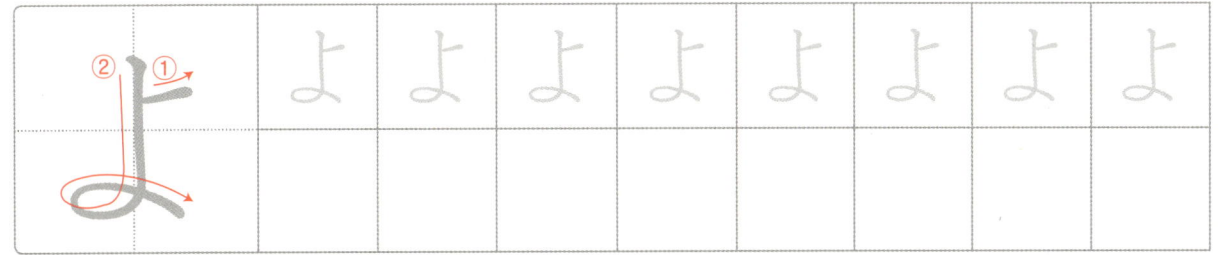

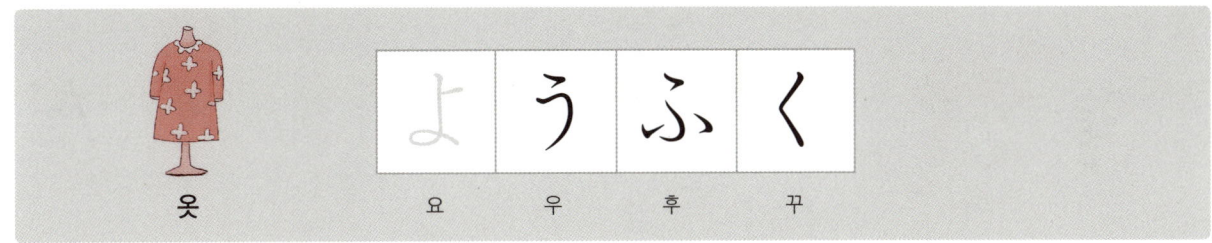

옷　　　　요　우　후　꾸

♣ 그림과 한글 발음을 보고 단어에 맞는 히라가나를 빈칸에 써넣어 보세요.

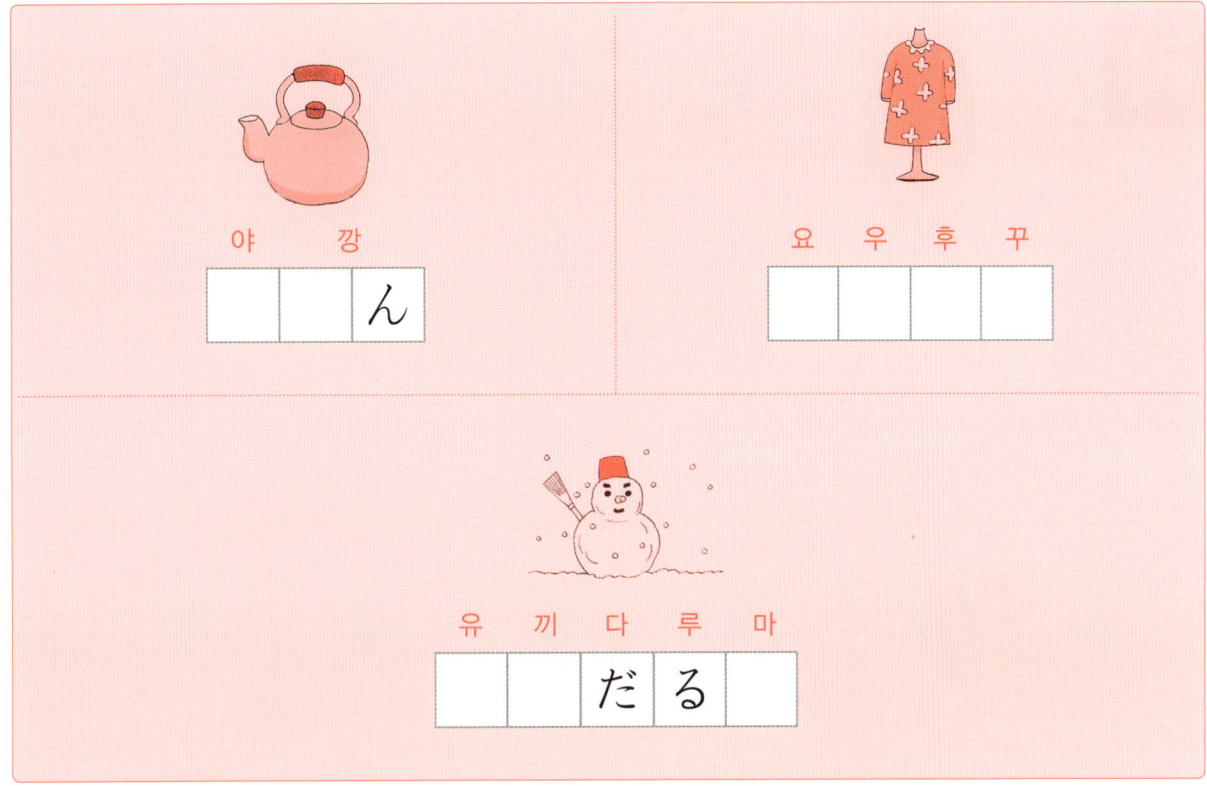

 ら행

 라

발음 ら[ra]는 良(좋을 량)의 초서체가 변형되어 만들어졌으며, 우리말의 라처럼 발음하며, 단어의 첫머리에 오더라도 나로 변하지 않는다.

필순 마치는 부분은 글자의 거의 중앙에서 멈춘다.

낙타   라 꾸 다

 り행

 리

발음 り[ri]는 利(이로울 리)의 오른쪽 부분을 흘려 써 만들어진 글자로, 우리말의 리처럼 발음하며, 단어의 첫머리에 오더라도 이로 변하지 않는다.

필순 단번에 그리듯이 하며 사이의 공간을 너무 떼지 않도록 한다.

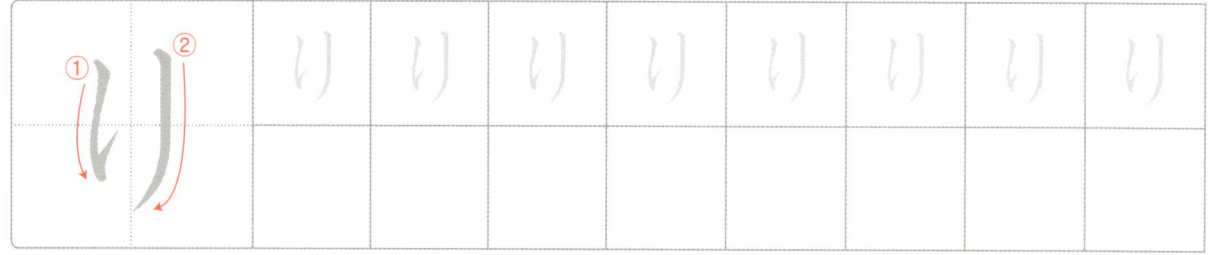

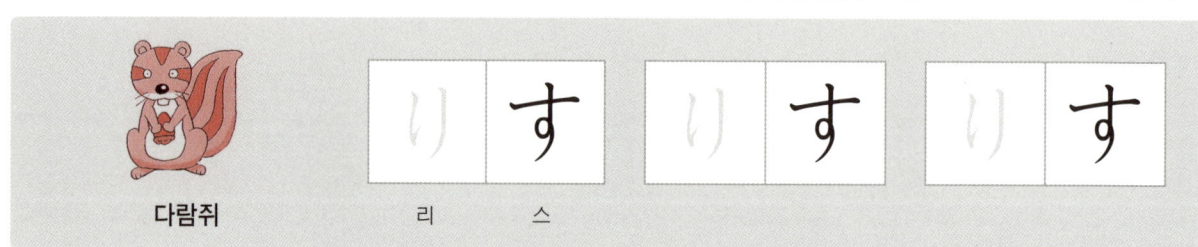

다람쥐   리 스

 **루**

る

발음 **る**[ru]는 留(머무를 류)의 초서체가 변형되어 만들어졌으며, 우리말의 **루**처럼 발음하며, 단어의 첫머리에 오더라도 **누**로 변하지 않는다.

필순 마지막 부분은 중심을 벗어나지 않도록 하며 달걀 모양으로 묶는다.

る

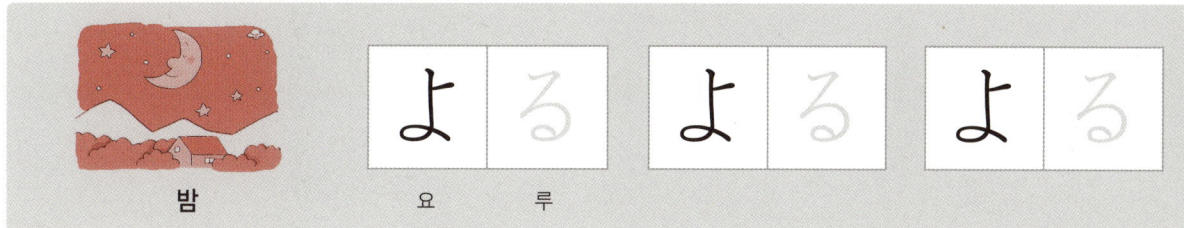

밤 　　　요 루

 **레**

れ

발음 **れ**[re]는 礼(예도 례)의 초서체가 변형되어 만들어졌으며, 우리말의 **레**처럼 발음하며, 단어의 첫머리에 오더라도 **네**로 변하지 않는다.

필순 2획의 시작은 세로선의 3분의 1 정도에서 시작한다.

れ

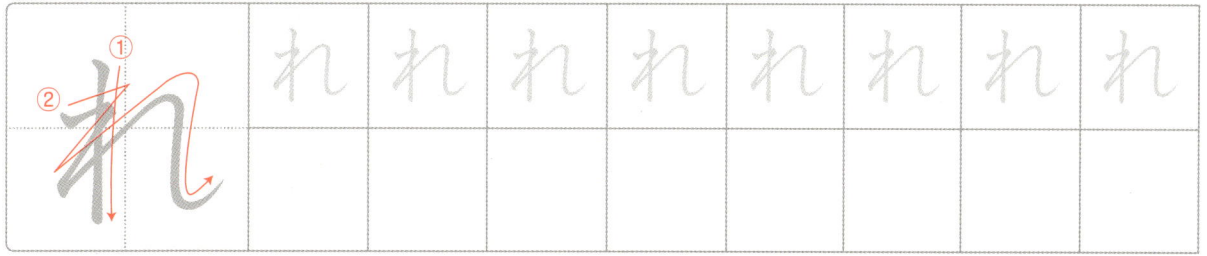

냉장고 　　레 이 조 우 꼬

PART **1** 히라가나 쓰면서 익히기

ろ

발음 ろ[ro]는 呂(음률 려)의 초서체가 변형되어 만들어졌으며, 우리말의 **로**처럼 발음하며, 단어의 첫머리에 오더라도 **노**로 변하지 않는다.

필순 마지막 부분은 달걀 모양으로 크게 그리며 중심에서 벗어나지 않도록 한다.

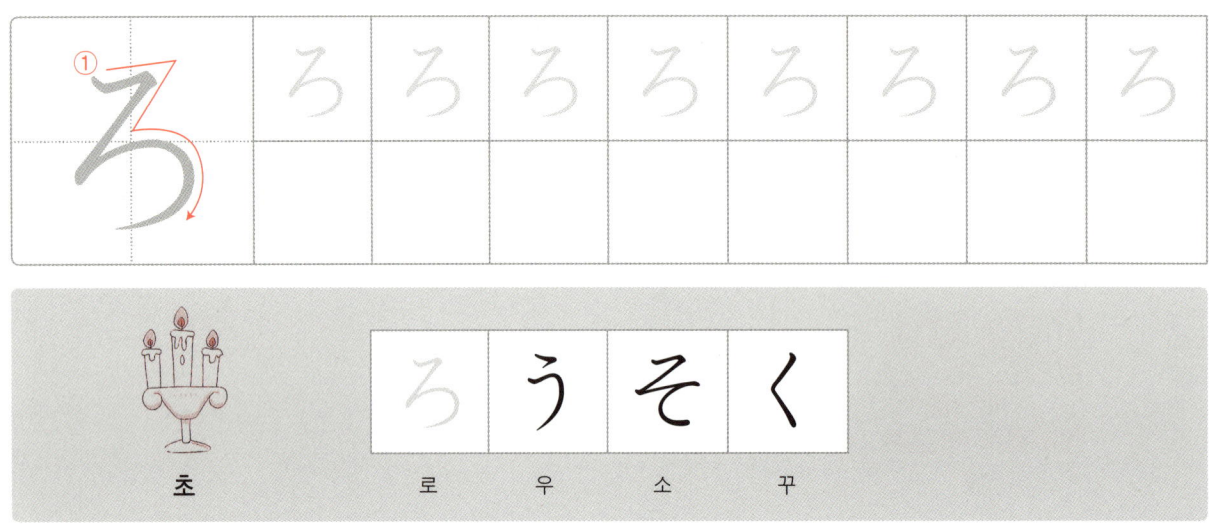

♣ 그림과 한글 발음을 보고 단어에 맞는 히라가나를 빈칸에 써넣어 보세요.

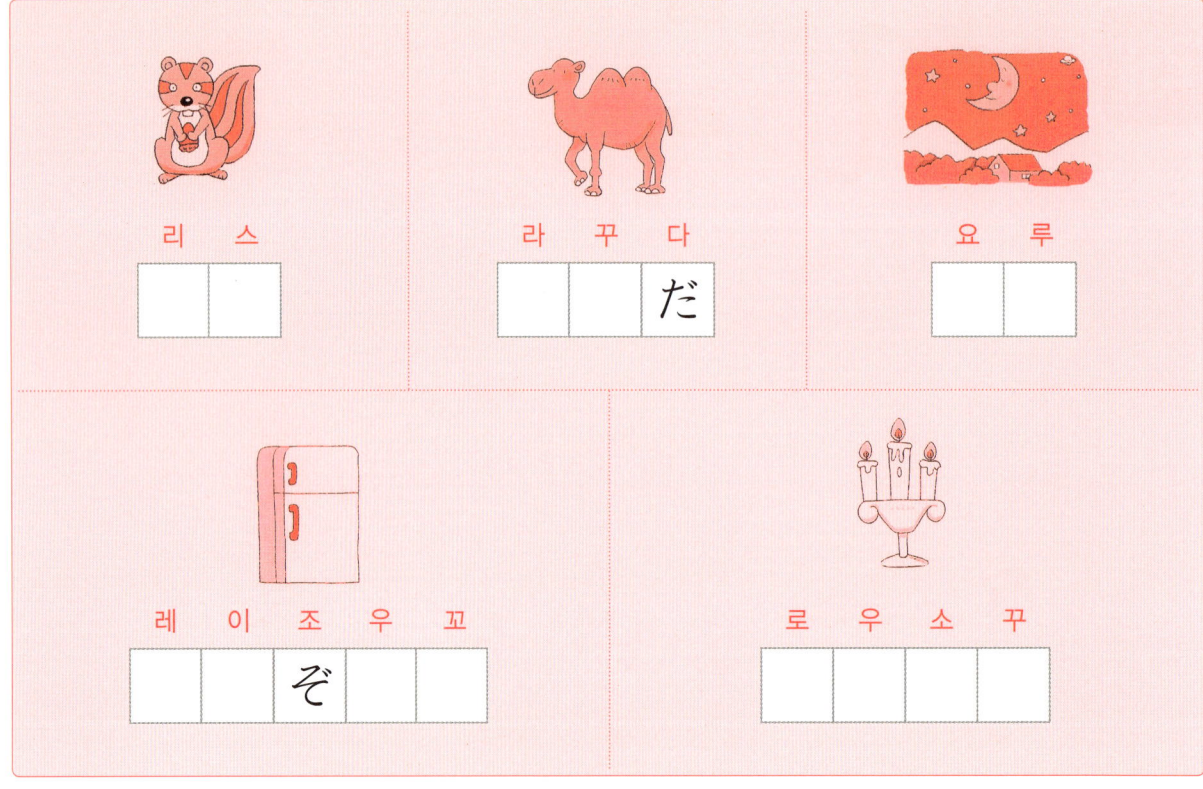

わ행

와

발음 わ[wa]는 和(화할 화)의 초서체가 변형되어 만들어졌으며, 우리말의 와와 거의 동일하게 발음한다.

필순 처음에는 ね, れ와 동일하며 끝 부분에서는 낚싯바늘을 그리듯이 한다.

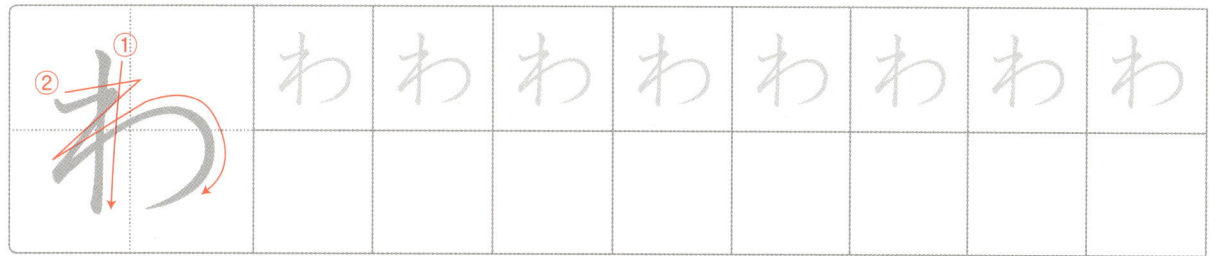

PART 1
히라가나 쓰면서 익히기

악어 — わに 와 니

오

발음 を[o]는 袁(옷길 원)의 초서체가 변형되어 만들어졌으며, あ행의 お와 발음이 같지만 を는 우리말의 을(를)에 해당하는 조사로만 쓰인다.

필순 2획과 3획을 연결하는 부분에 주의한다.

이를 닦다 — は を み が く 하 오 미 가 꾸

하네루 음

ん

발음 ん[n, m, ng]은 无(없을 무)의 초서체가 변형되어 만들어졌다. ん은 다른 글자 밑에서 받침으로만 쓰이며 ㄴ, ㅁ, ㅇ 등으로 발음한다.

필순 끝 부분이 짧지 않도록 위로 그려 올린다.

| | せ | ん | す | | せ | ん | す |

부채   센 스

♣ 그림과 한글 발음을 보고 단어에 맞는 히라가나를 빈칸에 써넣어 보세요.

와 니   센 스

하 오 미 가 꾸

2. 탁음

탁음濁音(だくおん)이란 청음清音에 비해 탁한 소리를 말하며, **か さ た は**행의 글자 오른쪽 윗부분에 탁점(˚)을 붙인 음을 말한다. **だ**행의 **ぢ づ**는 **ざ**행의 **じ ず**와 발음이 동일하여 현대어에는 특별한 경우 이외는 별로 쓰이지 않는다.

	あ단	い단	う단	え단	お단
が행	が 가(ga)	ぎ 기(gi)	ぐ 구(gu)	げ 게(ge)	ご 고(go)
ざ행	ざ 자(za)	じ 지(zi)	ず 즈(zu)	ぜ 제(ze)	ぞ 조(zo)
だ행	だ 다(da)	ぢ 지(zi)	づ 즈(zu)	で 데(de)	ど 도(do)
ば행	ば 바(ba)	び 비(bi)	ぶ 부(bu)	べ 베(be)	ぼ 보(bo)

3. 반탁음

반탁음半濁音(はんだくおん)은 **は**행의 오른쪽 윗부분에 반탁점(°)을 붙인 것을 말하며 우리말의 ㅍ과 ㅃ의 중간 음으로 단어의 첫머리에 올 경우에는 ㅍ에 가깝게 발음하고 단어의 중간이나 끝에 올 때는 ㅃ에 가깝게 발음한다.

	あ단	い단	う단	え단	お단
ぱ행	ぱ 파(pa)	ぴ 피(pi)	ぷ 푸(pu)	ぺ 페(pe)	ぽ 포(po)

PART 1 히라가나 쓰면서 익히기

が행

발음 が[ga]행의 발음은 청음인 か[ka]행의 발음과는 달리 단어의 첫머리나 단어의 끝, 또는 중간에 올 때도 마찬가지로 **가 기 구 게 고**로 발음하며 도쿄 지방에서는 콧소리로 발음한다.

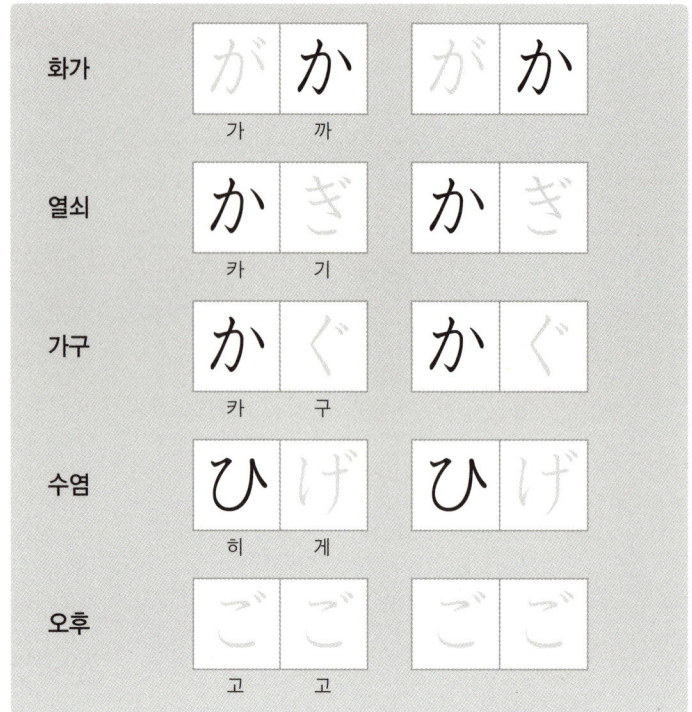

ざ행

발음 ざ[za]행의 발음은 우리말에 없어서 정확히 발음하기 어렵지만 대체적으로 **자 지 즈 제 조**로 발음하면 된다. 입모양은 さ[sa]행과 동일하다.

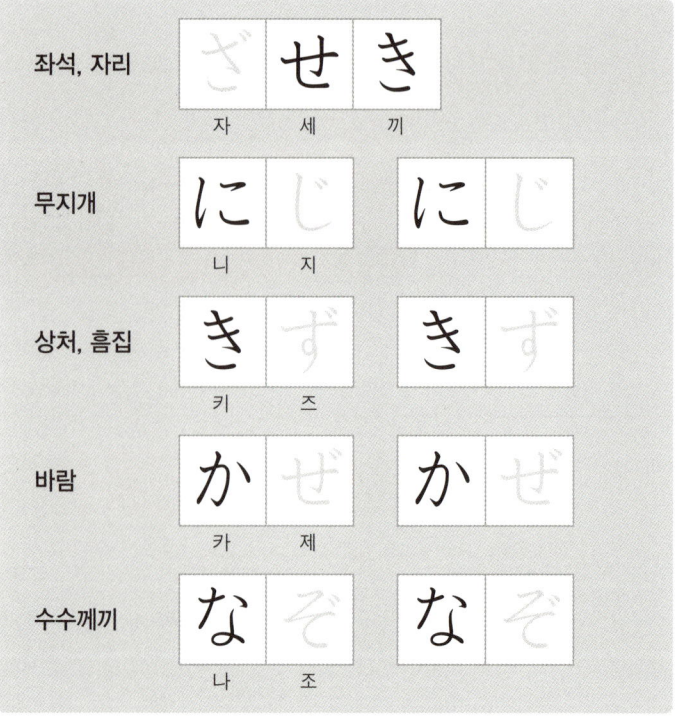

だ행

발음 だ[da]행의 だ で ど는 우리말의 **다 데 도**로 발음하고, **ぢ づ**는 **ざ**행의 **じ ず**와 발음이 동일하며 우리말 **지 즈**로 발음한다.

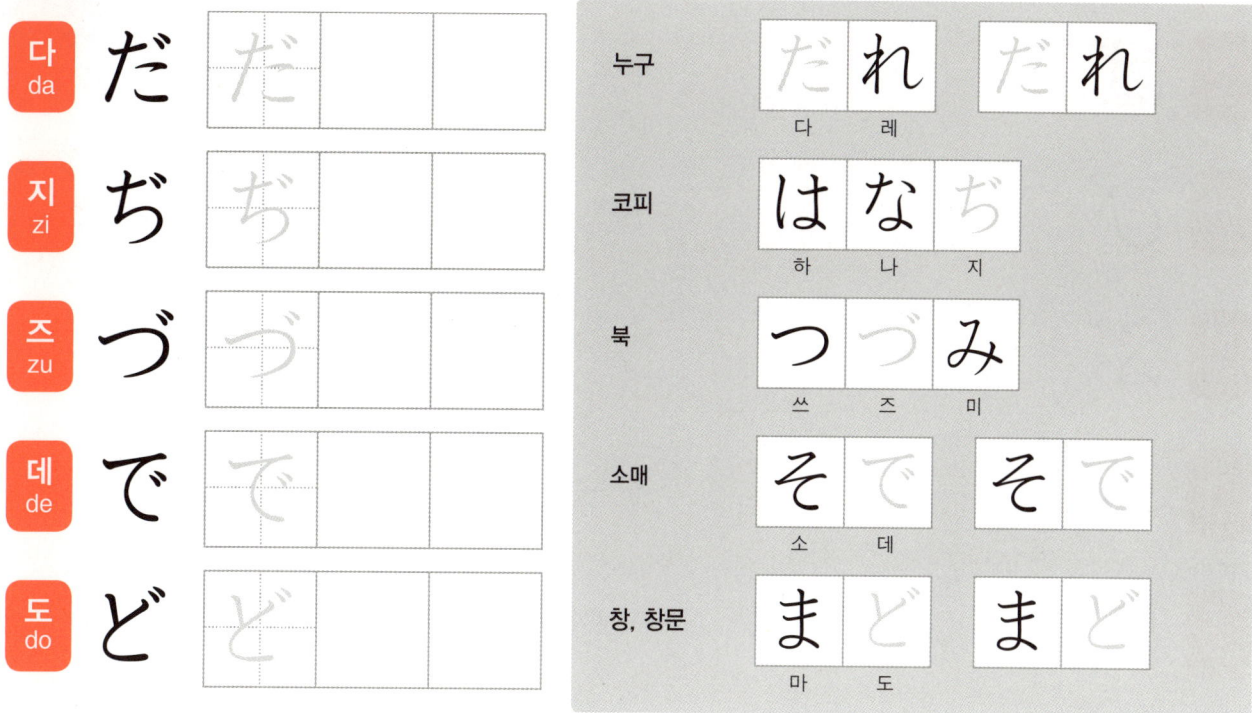

ば행

발음 ば[ba]행은 우리말의 **바 비 부 베 보**처럼 발음한다. 단, **ぶ**[bu]는 입술을 둥글게 하여 발음하지 않도록 한다.

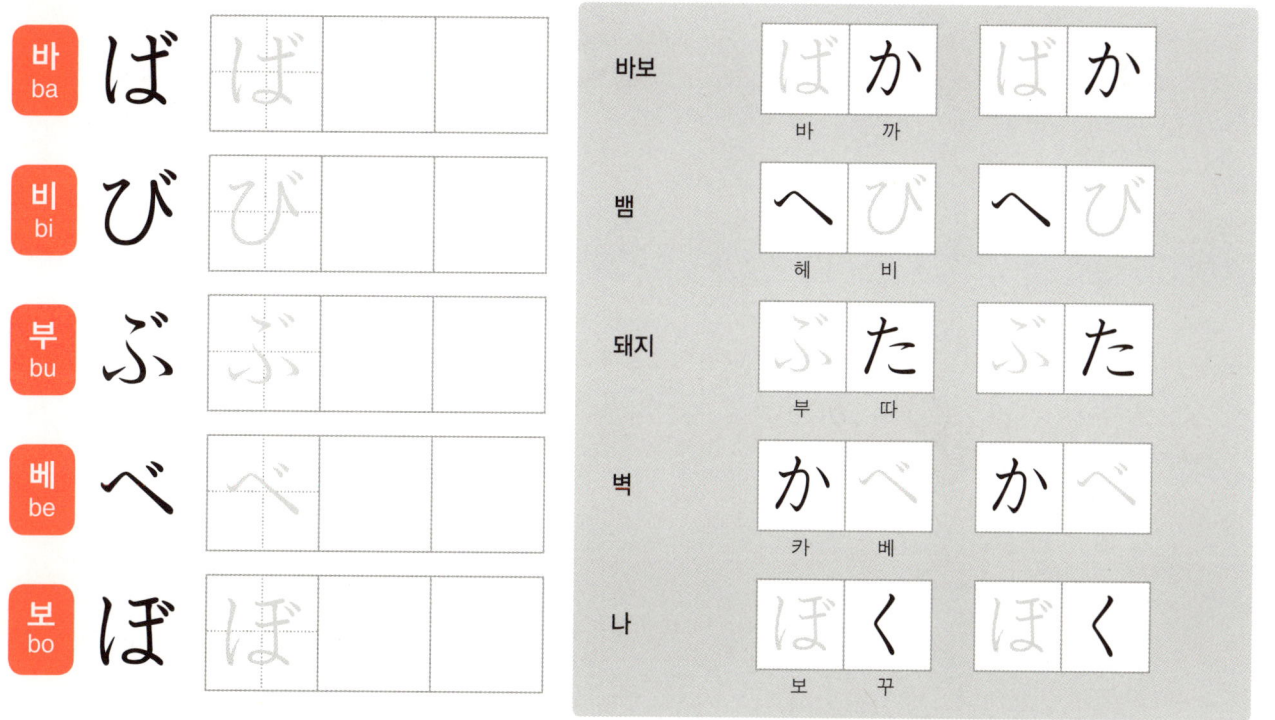

ぱ행

발음 반탁음 ぱ[pa]행은 우리말의 ㅍ과 ㅃ의 중간음으로 단어의 첫머리에 올 경우에는 ㅍ에 가깝게 발음하고 단어의 중간이나 끝에 올 때는 ㅃ에 가깝게 발음한다.

♣ 그림과 한글 발음을 보고 단어에 맞는 탁음과 반탁음을 빈칸에 써넣어 보세요.

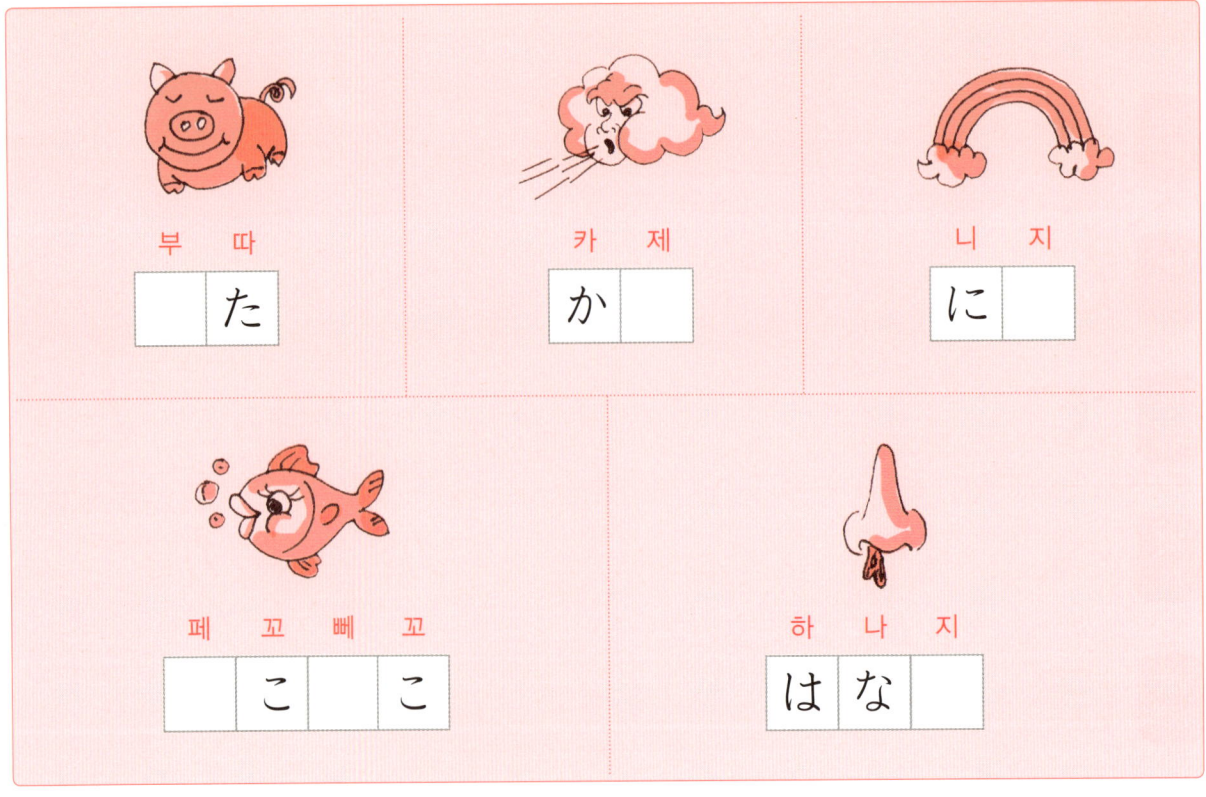

4. 요음

요음拗音(ようおん)이란 **い**단 글자 중 자음인 **きしちにひみりぎじびぴ**에 반모음의 작은 글자 **ゃゅょ**를 붙인 음을 말한다. 따라서 **ゃゅょ**는 우리말의 **ㅑㅠㅛ** 같은 역할을 한다.

	～ゃ	～ゅ	～ょ
きゃ행	きゃ kya / 캬	きゅ kyu / 큐	きょ kyo / 쿄
しゃ행	しゃ sya(sha) / 샤	しゅ syu(shu) / 슈	しょ syo(sho) / 쇼
ちゃ행	ちゃ cha / 챠	ちゅ chu / 츄	ちょ cho / 쵸
にゃ행	にゃ nya / 냐	にゅ nyu / 뉴	にょ nyo / 뇨
ひゃ행	ひゃ hya / 햐	ひゅ hyu / 휴	ひょ hyo / 효
みゃ행	みゃ mya / 먀	みゅ myu / 뮤	みょ myo / 묘
りゃ행	りゃ rya / 랴	りゅ ryu / 류	りょ ryo / 료
ぎゃ행	ぎゃ gya / 갸	ぎゅ gyu / 규	ぎょ gyo / 교
じゃ행	じゃ zya(ja) / 쟈	じゅ zyu(ju) / 쥬	じょ zyo(jo) / 죠
びゃ행	びゃ bya / 뱌	びゅ byu / 뷰	びょ byo / 뵤
ぴゃ행	ぴゃ pya / 퍄	ぴゅ pyu / 퓨	ぴょ pyo / 표

PART 1 히라가나 쓰면서 익히기

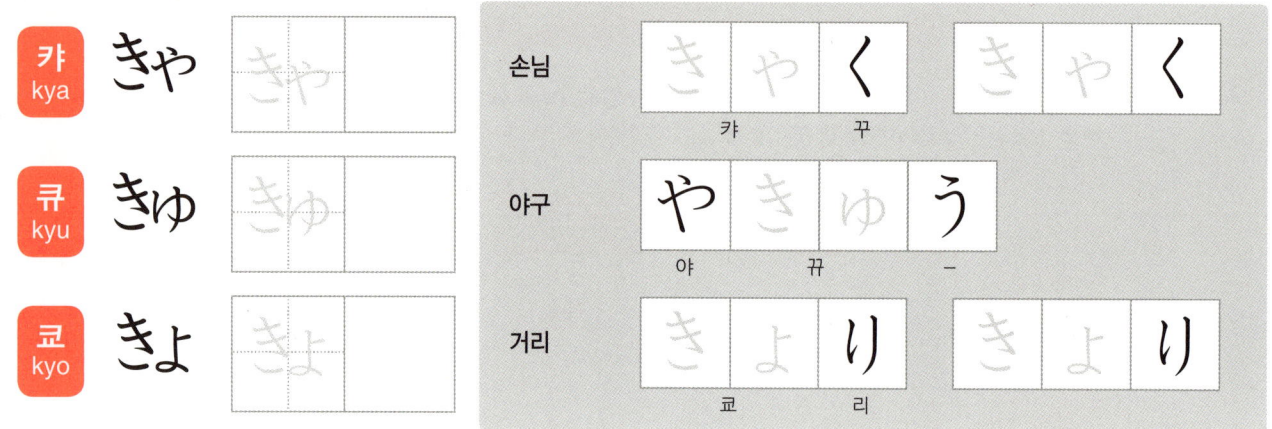

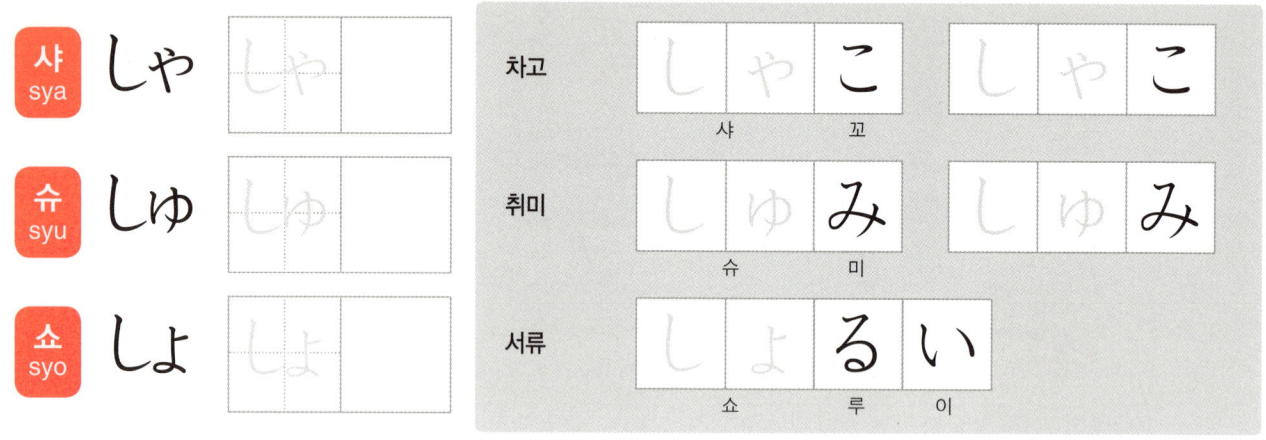

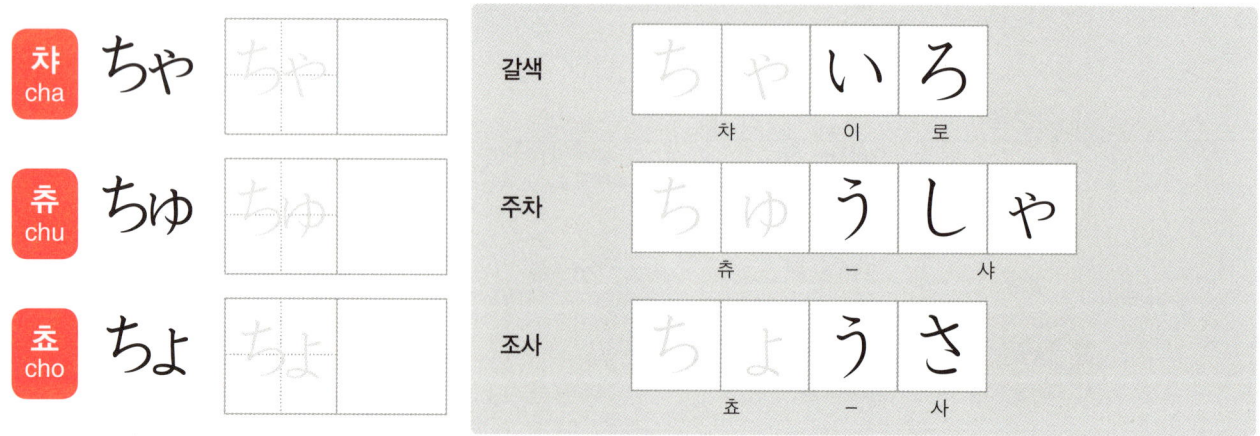

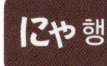 **발음** にゃ[nya]행은 우리말의 **냐 뉴 뇨**처럼 발음하며, 우리말에서는 단어의 첫머리에 오면 **야 유 요**로 발음하지만 일본어에서는 그렇지 않다.

냐 nya	にゃ
뉴 nyu	にゅ
뇨 nyo	によ

입고 — にゅうこ (뉴-꼬)
기입 — きにゅう (키뉴-)
아내, 처 — にょうぼう (뇨-보-)

PART 1 히라가나 쓰면서 익히기

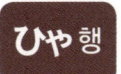 **발음** ひゃ[hya]행은 우리말의 **햐 휴 효**처럼 발음하며, 발음이 힘들다고 하여 **하 후 호**로 발음하지 않도록 주의한다.

햐 hya	ひゃ
휴 hyu	ひゅ
효 hyo	ひょ

백, 100 — ひゃく ひゃく (햐꾸)
평가 — ひょうか (효-까)
대표 — だいひょう (다이효-)

발음 みゃ[mya]행은 우리말의 **먀 뮤 묘**처럼 발음하며, 발음하기 힘들다고 **마 무 모**로 발음하지 않도록 주의한다.

먀 mya	みゃ
뮤 myu	みゅ
묘 myo	みよ

산맥 — さんみゃく (삼먀꾸)
묘미 — みょうみ (묘-미)
내일 — みょうにち (묘-니찌)

りゃ행

발음 りゃ[rya]행은 우리말의 **랴 류 료**처럼 발음하며, 단어의 첫머리에 오더라도 **야 유 요**로 발음하지 않도록 한다.

랴 rya	りゃ
류 ryu	りゅ
료 ryo	りょ

약도	りゃくず (랴꾸즈)
유역	りゅういき (류-이끼)
여행	りょこう (료꼬-)

ぎゃ행

발음 ぎゃ[gya]행은 きゃ[kya]행에 탁음이 붙은 것으로 우리말의 **갸 규 교**처럼 발음한다. 단, 단어의 첫머리에서는 유성음으로 발음한다.

갸 gya	ぎゃ
규 gyu	ぎゅ
교 gyo	ぎょ

역습	ぎゃくしゅう (갸꾸슈-)
쇠고기	ぎゅうにく (규-니꾸)
어류	ぎょるい (교루이)

じゃ행

발음 じゃ[zya]행은 우리말의 **쟈 쥬 죠**처럼 발음한다. 참고로 ぢゃ행은 じゃ행과 발음이 동일하여 현대어에서는 거의 쓰이지 않는다.

쟈 zya	じゃ
쥬 zyu	じゅ
죠 zyo	じょ

수도꼭지	じゃぐち (쟈구찌)
노숙	のじゅく (노쥬꾸)
여성	じょせい (죠세-)

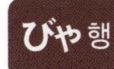 **발음** びゃ[bya]행은 ひゃ[hya]행에 탁음이 붙은 것으로 우리말의 **뱌 뷰 뵤**처럼 발음한다. **바 부 보**로 발음하지 않도록 주의한다.

뱌 bya	びゃ
뷰 byu	びゅ
뵤 byo	びょ

삼백	さんびゃく (삼 뱌 꾸)
오류	ごびゅう (고 뷰 -)
병, 아픔	びょうき (뵤 - 끼)

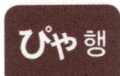 **발음** ぴゃ[pya]행은 단어의 첫머리에서는 **퍄 퓨 표**로 발음하지만, 단어의 중간이나 끝에서는 **뺘 쀼 뾰**로 강하게 발음한다.

퍄 pya	ぴゃ
퓨 pyu	ぴゅ
표 pyo	ぴょ

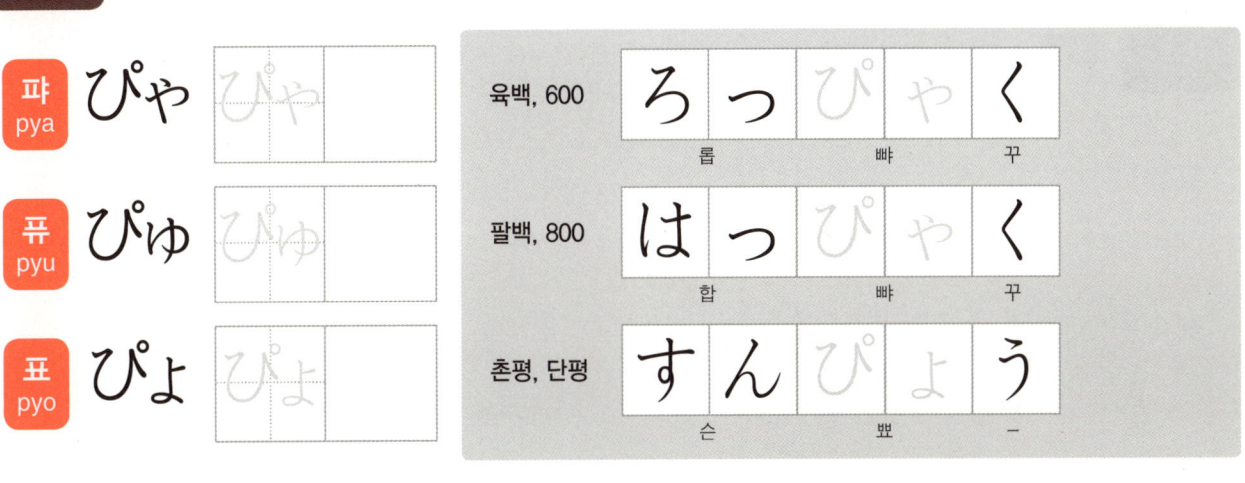

육백, 600	ろっぴゃく (롭 뺘 꾸)
팔백, 800	はっぴゃく (합 뺘 꾸)
촌평, 단평	すんぴょう (슨 뾰 -)

PART 1

히라가나 쓰면서 익히기

5 하네루 음

하네루はねる 음이란 오십음도의 마지막 글자인 ん을 말한다. ん은 단어의 첫머리에 올 수 없으며 항상 다른 글자 뒤에 쓰여 우리말의 받침과 같은 구실을 한다. 따라서 ん 다음에 오는 글자의 영향에 따라 우리말의 ㄴ(n) ㅁ(m) ㅇ(ng)으로 소리가 난다.

ㅇ
발음 ん 다음에 か が행의 글자가 이어지면 ㅇ(ng)으로 발음한다.

연기	え ん き (엥 끼)		
음악	お ん が く (옹 가 꾸)		

ㄴ
발음 ん 다음에 さ ざ た だ な ら행의 글자가 이어지면 ㄴ(n)으로 발음한다.

감시	か ん し (칸 시)		
몇 시	な ん じ (난 지)		
반대	は ん た い (한 따 이)		
연대	ね ん だ い (넨 다 이)		
오늘(날)	こ ん に ち (콘 니 찌)		
신뢰	し ん ら い (신 라 이)		

ㅁ

발음 ん 다음에 **ま ば ぱ**행의 글자가 이어지면 ㅁ(m)으로 발음한다.

안마	あんま 암 마		
구경	けんぶつ 켐 부 쯔		
산책	さんぽ 삼 뽀		

ㅇ

발음 ん 다음에 **あ は や わ**행의 글자가 이어지면 ㄴ(n)과 ㅇ(ng)의 중간음으로 발음한다. 또한 단어 끝에 ん이 와도 마찬가지이다.

연애	れんあい 렝 아 이		
책방	ほんや 홍 야		
전화	でんわ 뎅 와		
일본	にほん 니 홍		

6 촉음

촉음促音(そくおん)이란 막힌 소리의 하나로 **つまるおと**라고도 하며, 우리말의 받침과 같은 역할을 하는 것을 말한다. 즉, 촉음은 つ를 작을 글자 っ로 표기하여 다른 글자 밑에서 받침으로만 쓴다. 이 촉음은 하나의 음절을 갖고 있으며 뒤에 오는 글자의 영향에 따라 우리말 받침의 ㄱ ㅅ ㄷ ㅂ으로 발음한다.

ㄱ

발음 촉음인 っ 다음에 **か**행인 **か き く け こ**가 이어지면 ㄱ(k)으로 발음한다.

PART 1 히라가나 쓰면서 익히기

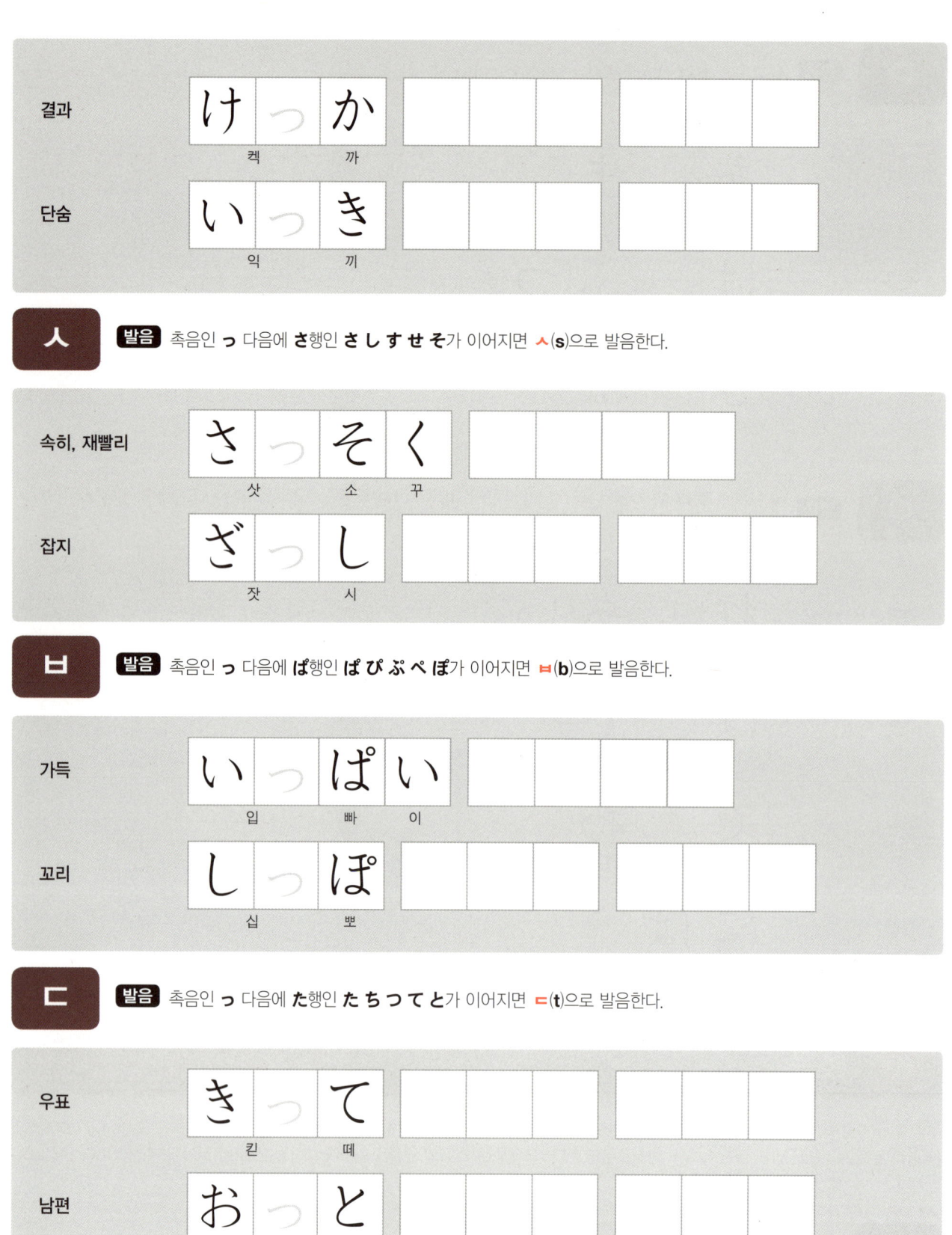

7 장음

장음長音(ちょうおん)이란 같은 모음이 중복될 때 앞의 발음을 길게 발음하는 것을 말한다. 우리말에서는 장음의 구별이 어렵지만 일본어에서는 이것을 확실히 구분하여 쓴다. 음의 장단에 따라 그 의미가 달라지므로 주의해야 한다. 이 책의 우리말 장음 표기에서도 편의상 ─로 처리하였음을 알려둔다.

あ 발음 あ단에 모음 あ가 이어질 경우 뒤의 모음인 あ는 장음이 된다.

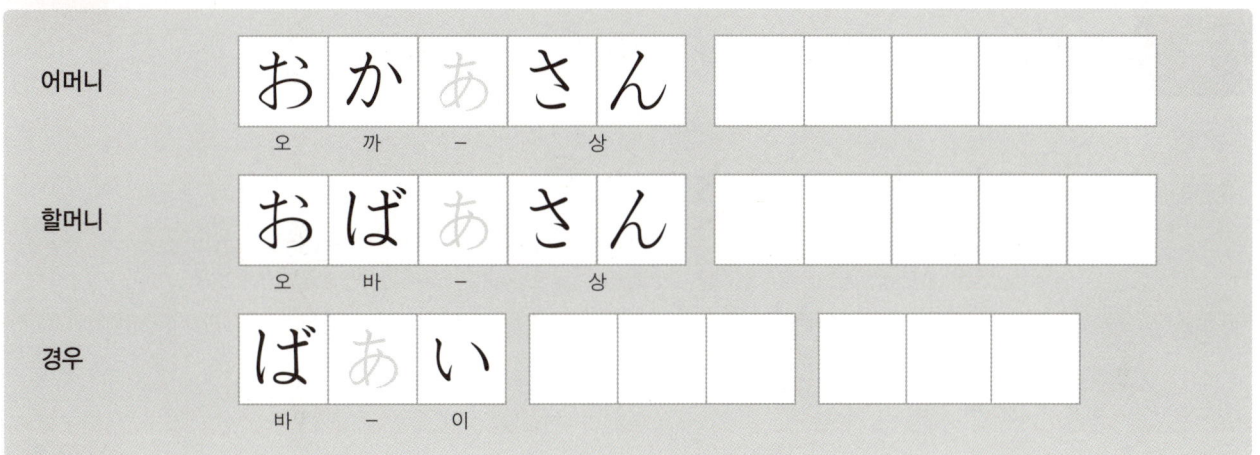

い 발음 い단에 모음 い가 이어질 경우 뒤의 모음인 い는 장음이 된다.

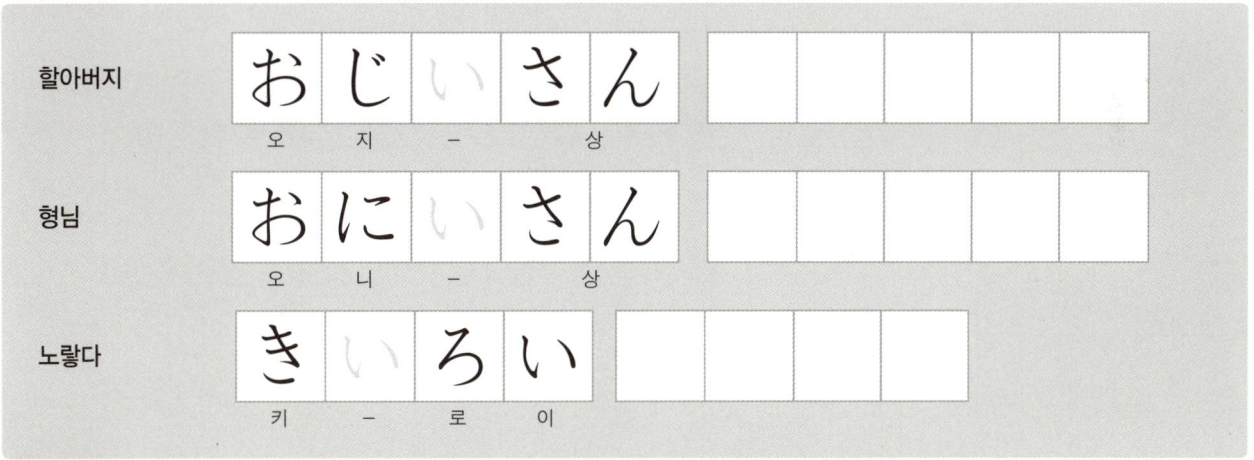

う 발음 う단에 모음 う가 이어질 경우 뒤의 모음인 う는 장음이 된다.

공기	く	う	き						
	쿠	─	끼						

PART 1 히라가나 쓰면서 익히기

주위	しゅうい
	슈 - 이
부부	ふうふ
	후 - 후

え

발음 え단에 모음 え나 い가 이어질 경우 뒤의 모음인 え い는 장음이 된다.

언니, 누나	おねえさん
	오 네 - 상
영화	えいが
	에 - 가

お

발음 お단에 모음 お나 う가 이어질 경우 뒤의 모음인 お う는 장음이 된다.

얼음	こおり
	코 - 리
두부	とうふ
	토 - 후
아버지	おとうさん
	오 또 - 상

PART 2

카 타 카 나

쓰면서 익히기

カタカナ

- ✔ 1. 청음   **52**
- ✔ 2. 탁음   **81**
- ✔ 3. 반탁음   **81**
- ✔ 4. 요음   **85**
- ✔ 5. 하네루 음   **90**
- ✔ 6. 촉음   **91**
- ✔ 7. 장음   **93**

1. 청음(오십음도)

청음이란 목의 저항을 거치지 않고 내는 맑은 소리로, 아래의 오십음도 표에 나와 있는 5단 10행의 46자를 말한다. 단은 모음에 의해 나누어진 세로 표, 행은 자음에 의해 나누어진 가로 표를 말하며, 여기서 **アイウエオ**는 모음, **ヤユヨ**는 반모음이며 나머지는 자음이다. 이처럼 일본어 문자는 자음과 모음을 결합해서 쓰는 우리 한글과는 달리 하나의 글자가 자음과 모음을 다 가지고 있다. *카타카나 カタカナ는 주로 외래어 표기에 사용된다.

	ア단	イ단	ウ단	エ단	オ단
ア행	ア 阿 아 (a)	イ 伊 이 (i)	ウ 宇 우 (u)	エ 江 에 (e)	オ 於 오 (o)
カ행	カ 加 카 (ka)	キ 幾 키 (ki)	ク 久 쿠 (ku)	ケ 介 케 (ke)	コ 己 코 (ko)
サ행	サ 散 사 (sa)	シ 之 시 (si)	ス 須 스 (su)	セ 世 세 (se)	ソ 曾 소 (so)
タ행	タ 多 타 (ta)	チ 千 치 (chi)	ツ 川 츠 (tsu)	テ 天 테 (te)	ト 止 토 (to)
ナ행	ナ 奈 나 (na)	ニ 仁 니 (ni)	ヌ 奴 누 (nu)	ネ 称 네 (ne)	ノ 乃 노 (no)
ハ행	ハ 八 하 (ha)	ヒ 比 히 (hi)	フ 不 후 (hu)	ヘ 部 헤 (he)	ホ 保 호 (ho)
マ행	マ 万 마 (ma)	ミ 三 미 (mi)	ム 牟 무 (mu)	メ 女 메 (me)	モ 毛 모 (mo)
ヤ행	ヤ 也 야 (ya)		ユ 由 유 (yu)		ヨ 與 요 (yo)
ラ행	ラ 良 라 (ra)	リ 利 리 (ri)	ル 留 루 (ru)	レ 礼 레 (re)	ロ 呂 로 (ro)
ワ행	ワ 和 와 (wa)				ヲ 乎 오 (o)
	ン レ 응 (n,m,ng)				

♣ 카타카나 옆에 표기한 한자는 자원으로 추정되는 글자이다.

발음 ア[a]는 阿(언덕 아)의 왼쪽 부분을 따서 만든 글자로 우리말의 **아**와 거의 동일하게 발음한다. *카타카나의 장음 표시는 ㅡ로 한다.

필순 세로선은 중심에서 시작하여 왼쪽으로 치우치게 한다.

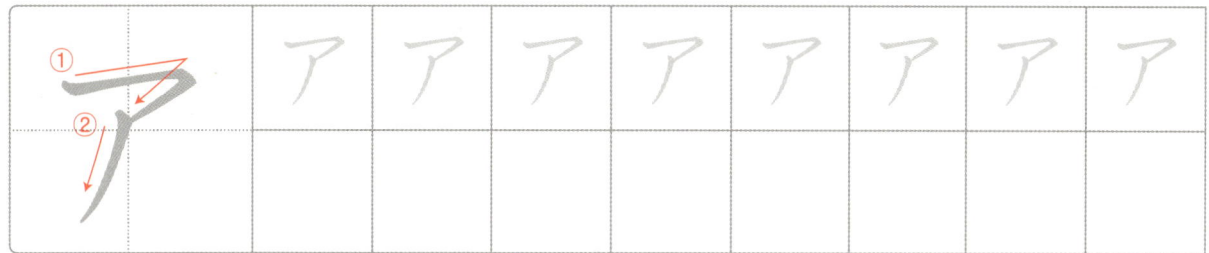

ア	イ	ロ	ン

다리미   아   이   롱

발음 イ[i]는 伊(저 이)의 왼쪽 부분을 따서 만든 글자로 우리말의 **이**와 거의 동일하게 발음한다.

필순 세로선은 중심에서 시작하며 끝 부분은 확실히 멈춘다.

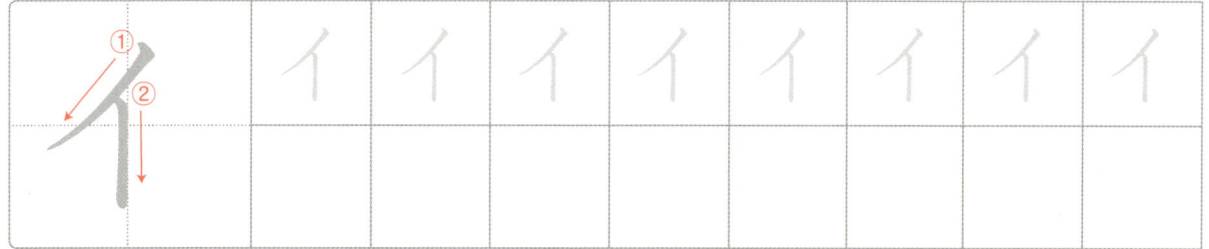

마이크   마   이   꾸

PART 2 카타카나 쓰면서 익히기

발음 ウ[u]는 宇(집 우)의 머리 부분을 따서 만든 글자로 우리말의 **우**와 **으**의 중간음으로 입술이 앞으로 튀어나오지 않도록 발음한다.

필순 왼쪽 가로선과 오른쪽 가로선의 길이에 주의하며 안쪽으로 기울여 쓴다.

	ウ	エ	ハ	ー	ス
웨하스	우	에	하	ー	스

발음 エ[e]는 江(물 강)의 오른쪽 부분을 따서 만든 글자로 우리말의 **에**와 **애**의 중간음으로 발음한다.

필순 위와 아래의 선 길이에 주의한다.

	エ	プ	ロ	ン
에이프런	에	뿌	롱	

オ

발음 オ[o]는 於(어조사 어)의 왼쪽 부분을 따서 만든 글자로 우리말의 **오**와 거의 동일하게 발음한다.

필순 세로선은 중앙에서 약간 오른쪽에 중심을 둔다.

오렌지 — 오 렌 지

PART 2 카타카나 쓰면서 익히기

♣ 그림과 한글 발음을 보고 단어에 맞는 카타카나를 빈칸에 써넣어 보세요.

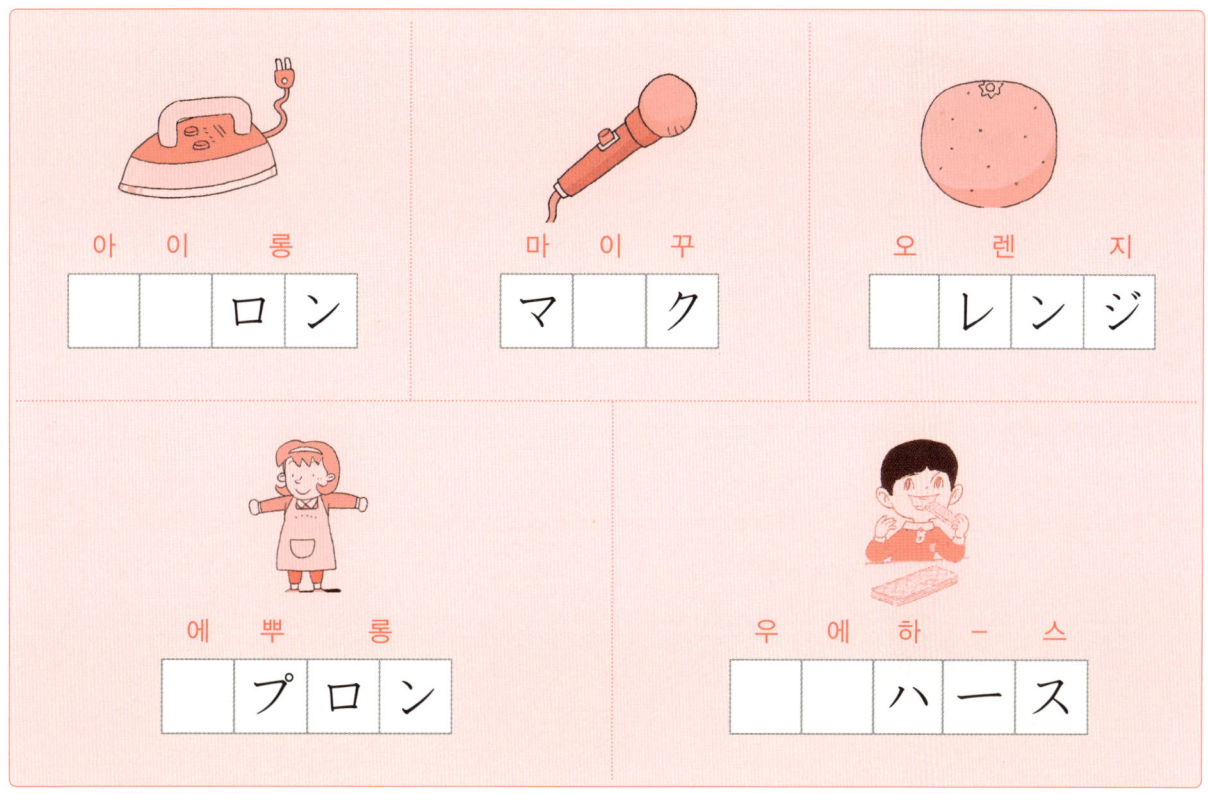

 カ행

カ

발음 カ[ka]는 加(더할 가)의 왼쪽 부분을 따서 만든 글자로 **가**와 **카**의 중간음으로 단어의 첫음절이 아닌 중간이나 끝에 오면 **까**에 가깝게 발음한다.

필순 왼쪽과 오른쪽의 경사는 평행을 이루게 한다.

카메라 / カ メ ラ / 카 메 라

キ

발음 キ[ki]는 幾(몇 기)의 가운데 부분을 따서 만든 글자로 우리말의 **기**와 **키**의 중간음으로 첫음절이 아닌 단어의 중간이나 끝에 오면 **끼**에 가깝게 발음한다.

필순 가로선은 오른쪽 위로 올리며 길이에 주의한다.

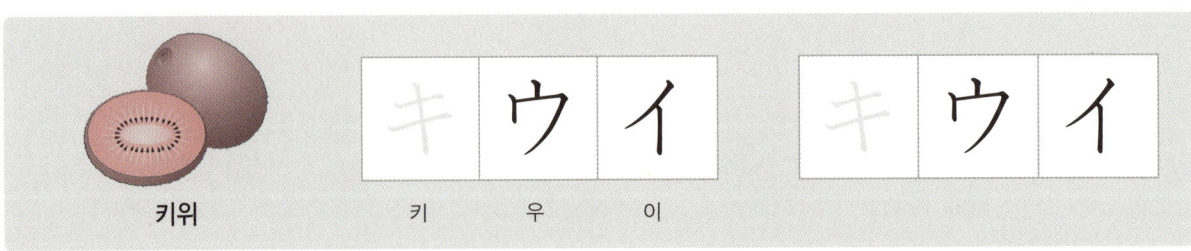

키위 / キ ウ イ / 키 우 이

발음 ク[ku]는 久(오랠 구)의 왼쪽 부분을 따서 만든 글자로 우리말의 **구**와 **쿠**의 중간음으로 단어의 첫음절이 아닌 중간이나 끝에 오면 **꾸**에 가깝게 발음한다.

필순 오른쪽의 경사를 왼쪽보다 길게 내린다

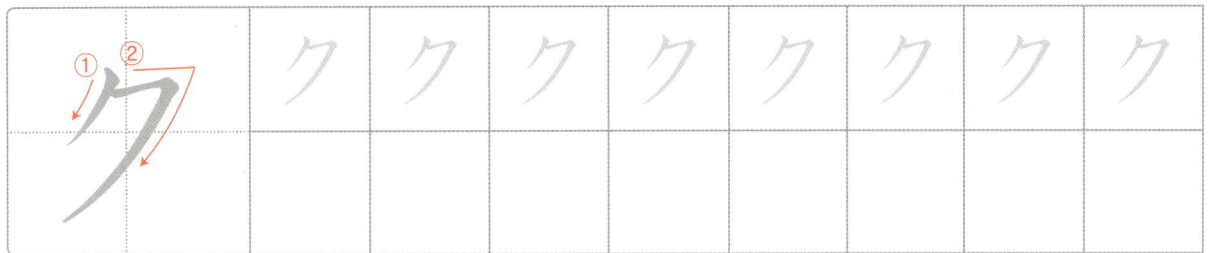

크리스마스 | 쿠 리 스 마 스

PART 2 카타카나 쓰면서 익히기

발음 ケ[ke]는 介(끼일 개)의 한 획을 줄여서 만든 글자로 우리말의 **게**와 **케**의 중간음으로 단어의 중간이나 끝에 오면 **께**에 가깝게 발음한다.

필순 3획은 2획의 거의 중앙에서 시작하여 왼쪽으로 기울어지게 한다.

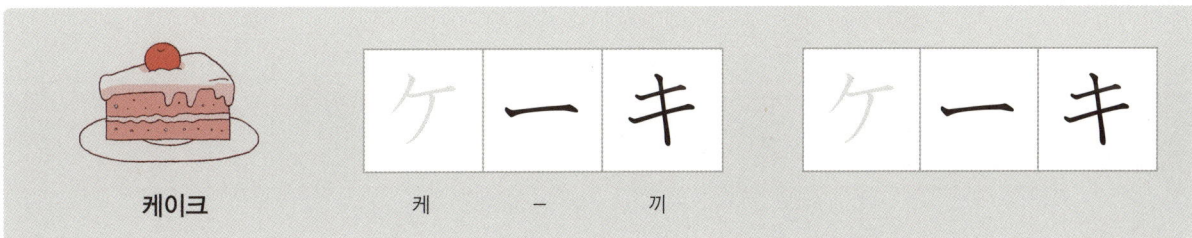

케이크 | 케 - 끼

발음 ㅋ[ko]는 己(자기 기)의 윗부분을 따서 만든 글자로 우리말의 **고**와 **코**의 중간음으로 단어의 중간이나 끝에 오면 **꼬**에 가깝게 발음한다.

필순 오른쪽 세로선은 왼쪽으로 약간 기울인다.

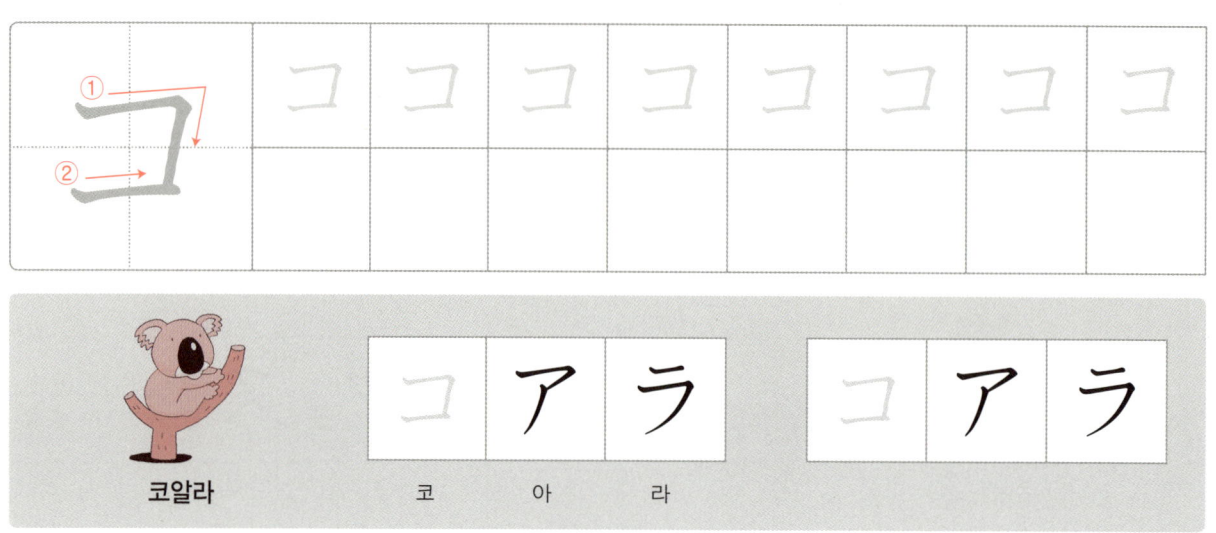

♣ 그림과 한글 발음을 보고 단어에 맞는 카타카나를 빈칸에 써넣어 보세요.

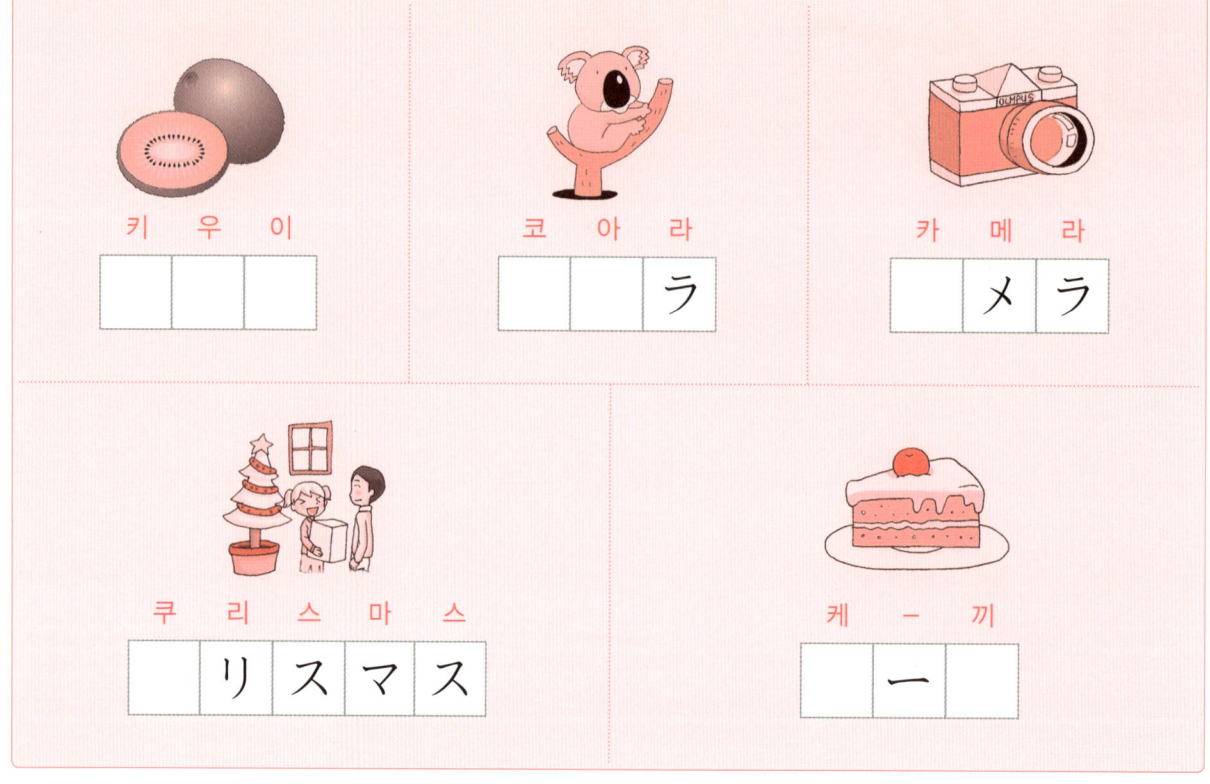

サ행

사

발음 サ[sa]는 散(흩어질 산)의 왼쪽 윗부분을 따서 만든 글자로 우리말의 **사**에 가까운 발음으로 자음이다.

필순 오른쪽 세로선은 안쪽으로 기울이며 왼쪽선보다 길게 내려쓴다.

サ サ サ

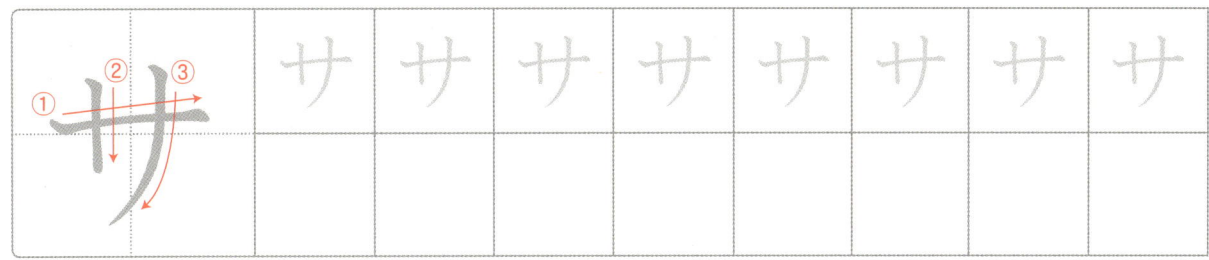

サ	ラ	ダ
사	라	다

샐러드

시

발음 シ[shi]는 之(갈 지)를 변형해서 만든 글자로 우리말의 **쉬**에 가까운 **시** 발음이다.

필순 점은 아랫부분보다 오른쪽에 두며 3획은 아래에서 위로 올려쓴다.

シ シ シ

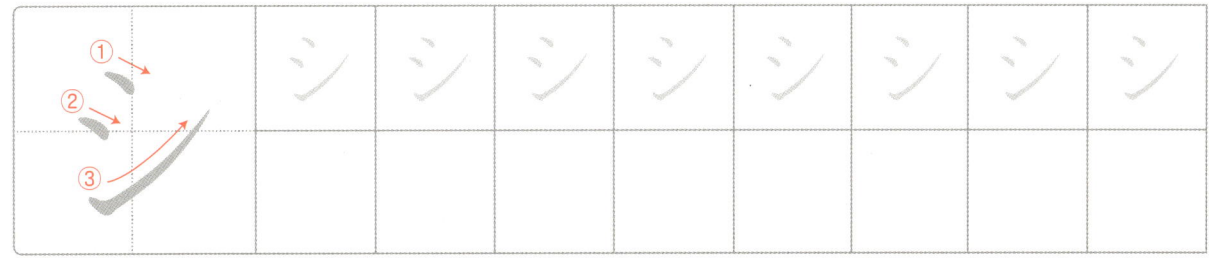

シ	ー	ソ	ー
시	-	소	-

시소

PART 2 카타카나 쓰면서 익히기

발음 ス[su]는 須(모름지기 수)의 오른쪽 일부분을 따서 만든 글자로 우리말의 **수**와 **스**의 중간음으로 **스**에 가깝게 발음한다.

필순 아랫부분은 평행을 이루게 한다.

スリッパ
슬리퍼 · 스 립 빠

발음 セ[se]는 世(인간 세)의 일부분을 따서 만든 글자로 우리말의 **세**와 비슷하게 발음한다.

필순 가로선을 오른쪽 위로 약간 끌어올린 다음 안으로 꺾는다.

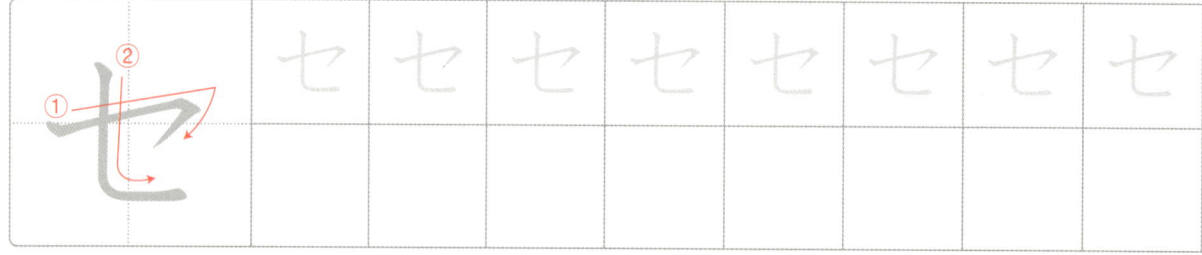

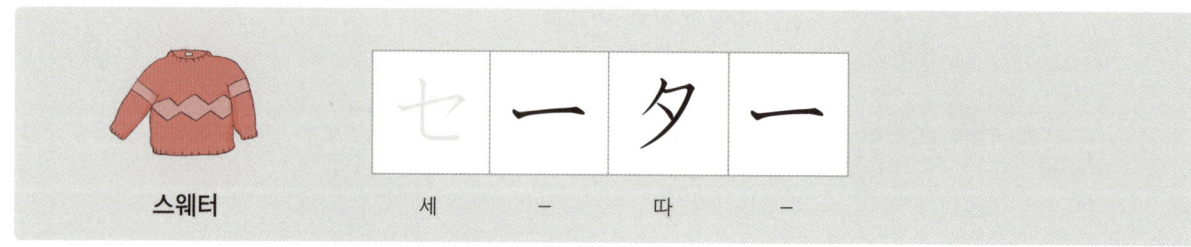

스웨터 · 세 － 따 －

60

발음 ソ[so]는 曽(일찍 증)의 윗부분을 따서 만든 글자로 우리말의 **소**와 비슷하게 발음한다.

필순 왼쪽과 오른쪽 사이를 넓게 떼며 출발점에 주의한다.

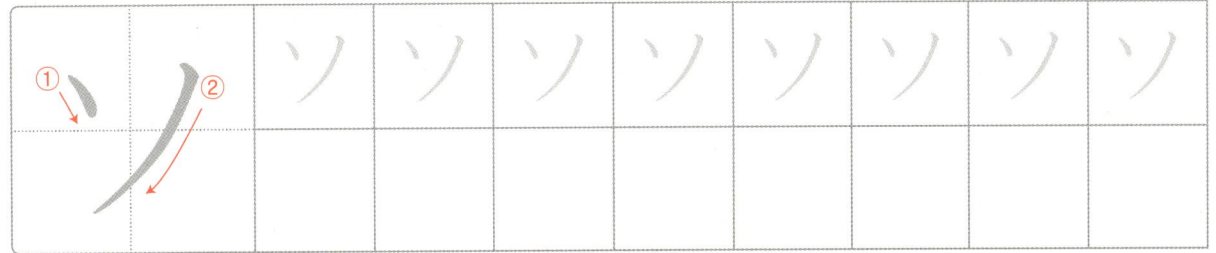

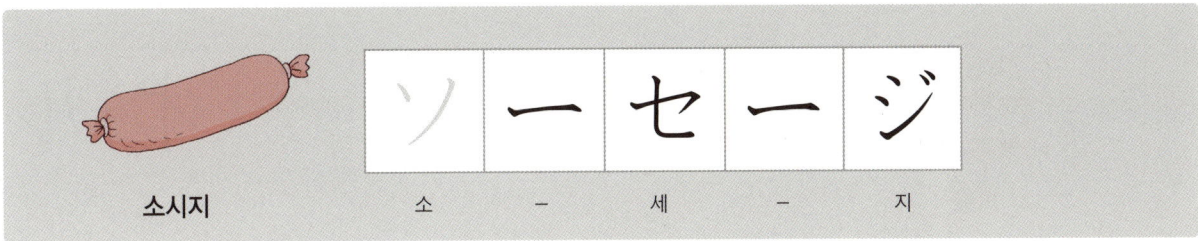

소시지　　　소 － 세 － 지

PART 2

카타카나 쓰면서 익히기

♣ 그림과 한글 발음을 보고 단어에 맞는 카타카나를 빈칸에 써넣어 보세요.

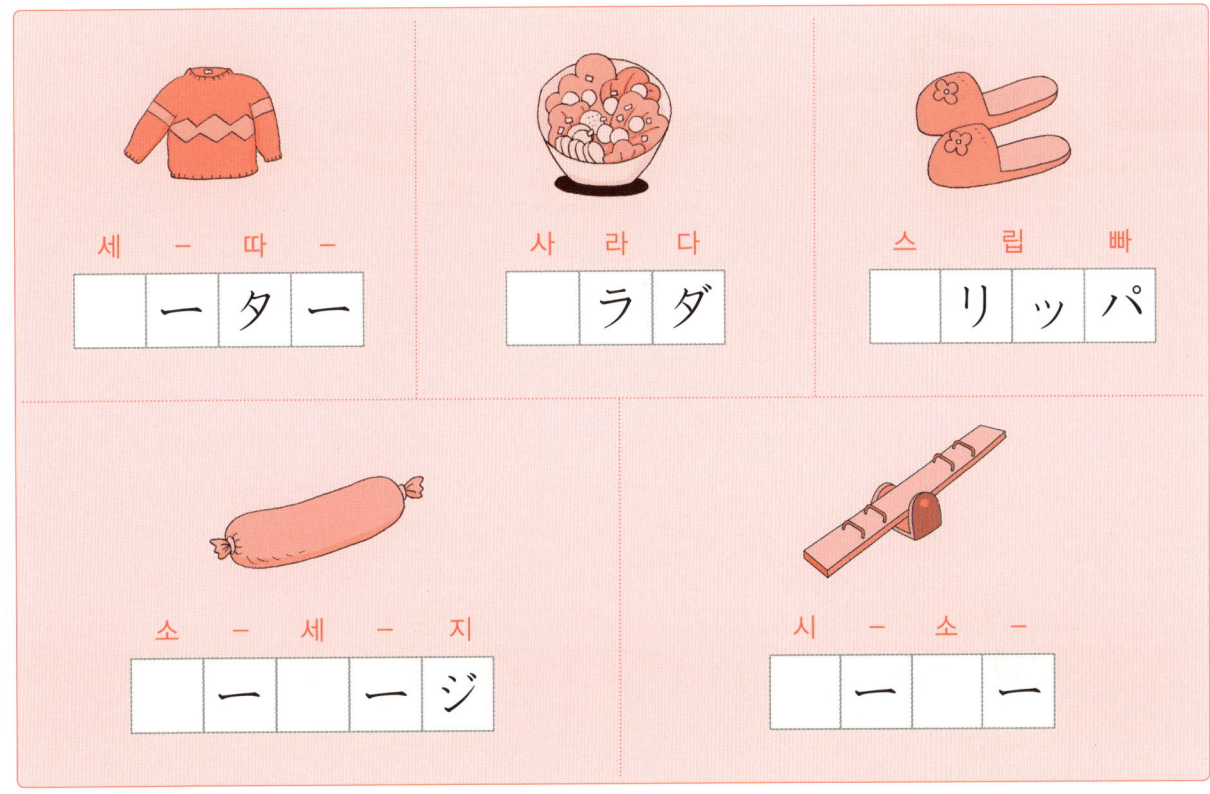

タ행

타 — タ

- **발음** タ[ta]는 多(많을 다)의 윗부분을 따서 만든 글자로 우리말의 다와 타의 중간음으로 단어의 첫음절이 아닌 중간이나 끝에 올 때는 따에 가깝게 발음한다.
- **필순** ク와 동일하게 하되 3획은 글자의 중앙에 오도록 한다.

ク ク タ

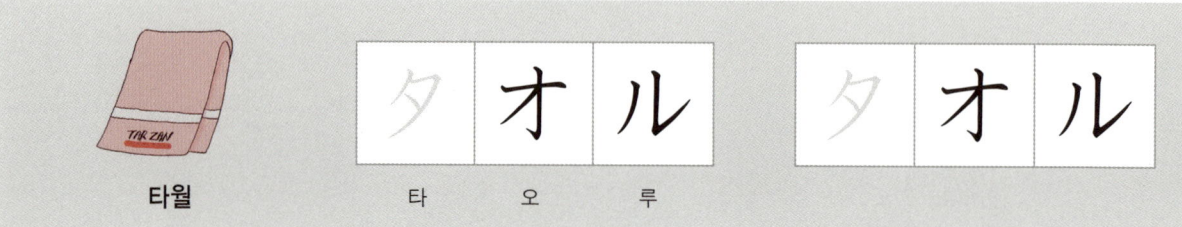

タオル	タオル

타월 — 타 오 루

치 — チ

- **발음** チ[chi]는 千(일천 천)를 그대로 본떠서 만든 글자로 우리말의 치와 찌의 중간음으로 단어의 첫음절이 아닌 중간이나 끝에 올 때는 찌에 가깝게 발음한다.
- **필순** 3획은 중심보다 약간 오른쪽으로 써내려 가되 왼쪽으로 꺾는다.

チ チ チ

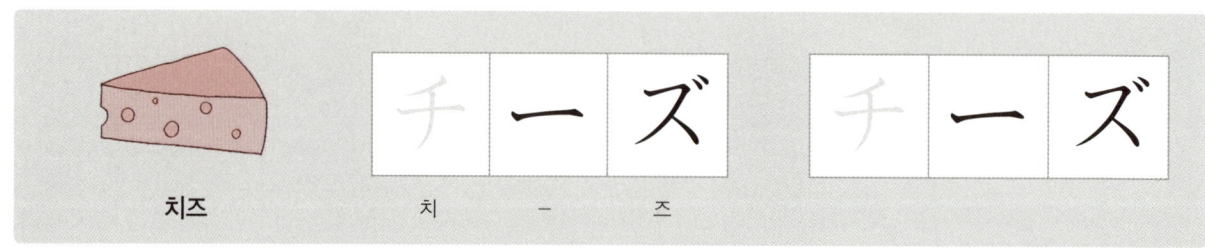

치즈 — 치 ー 즈

발음 ツ[tsu]는 川(내 천)를 변형해서 만든 글자로 우리말의 **쓰**, **쯔**, **츠**의 복합적인 음으로 단어의 중간이나 끝에 올 때는 약간 된소리로 발음한다.

필순 3획은 위에서 아래로 왼쪽으로 길게 내려쓰며 출발점에 주의한다.

ツツツ

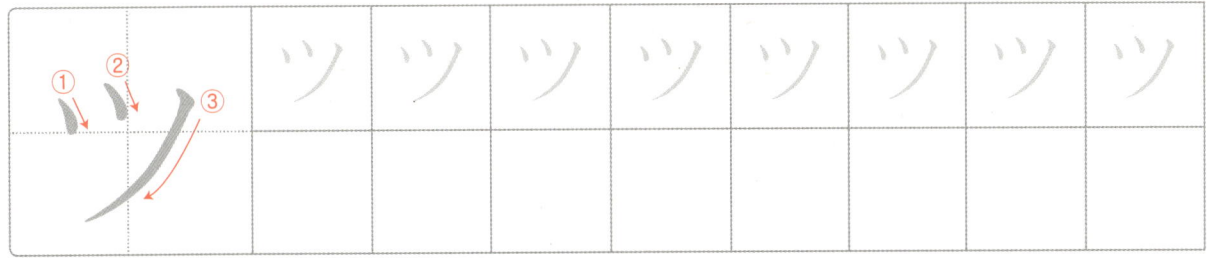

트리 | ツ | リ | ー | ツ | リ | ー
츠 리 -

테　テ

발음 テ[te]는 天(하늘 천)의 왼쪽 부분을 변형해서 만든 글자로 단어의 첫음절이 아닌 중간이나 끝에 올 때는 **떼**에 가깝게 발음한다.

필순 가로선은 길이에 주의하며 세로선은 약간 왼쪽에서 써내려 간다.

テテテ

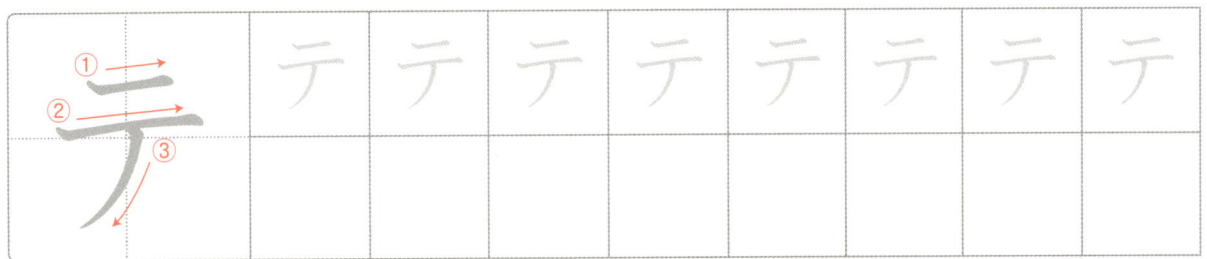

텔레비전　테 레 비

PART 2 카타카나 쓰면서 익히기

 ト

발음 ト[to]는 止(그칠 지)의 오른쪽 윗부분을 따서 만든 글자로 우리말의 **도**와 **토**의 중간음으로 단어의 첫음절이 아닌 중간이나 끝에 올 때는 **또**에 가깝게 발음한다.

필순 2획은 가로선의 약간 위쪽에서 시작한다.

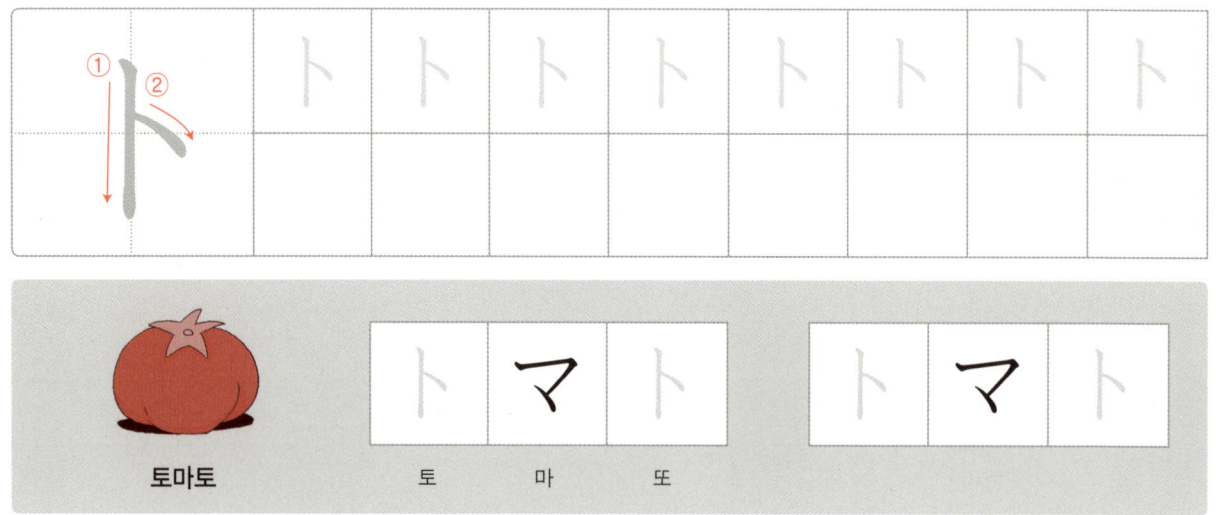

♣ 그림과 한글 발음을 보고 단어에 맞는 카타카나를 빈칸에 써넣어 보세요.

 ナ행

발음 ナ[na]는 奈(어찌 나)의 위쪽 한 부분을 따서 만든 글자로 우리말의 나와 거의 동일하게 발음한다.

필순 세로선은 중심보다 오른쪽에서 시작하며 왼쪽으로 기울인다.

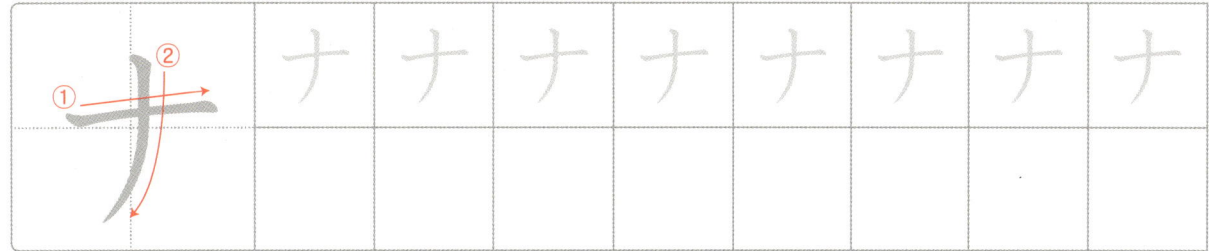

 ナイフ ナイフ

나이프　　나　이　후

발음 ニ[ni]는 二(두 이)를 그대로 본떠서 만든 글자로 우리말의 니와 거의 동일하게 발음한다.

필순 위아래의 길이에 주의하며 안쪽을 약간 굽힌다.

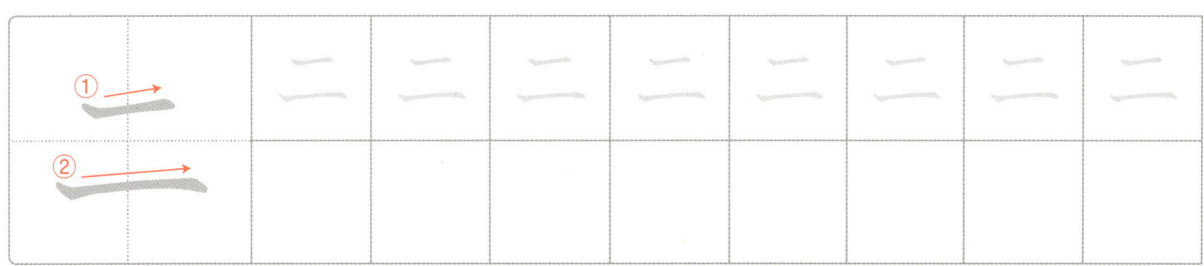

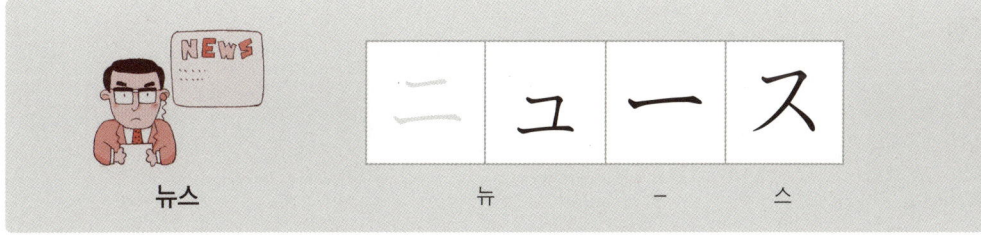

뉴스　　뉴　-　스

PART 2 카타카나 쓰면서 익히기

65

발음 ヌ[nu]는 奴(종 노)의 오른쪽 부분을 따서 만든 글자로 우리말의 **누**와 거의 동일하게 발음한다.

필순 2획은 거의 중앙에 두며 위에서 아래로 내려쓴다.

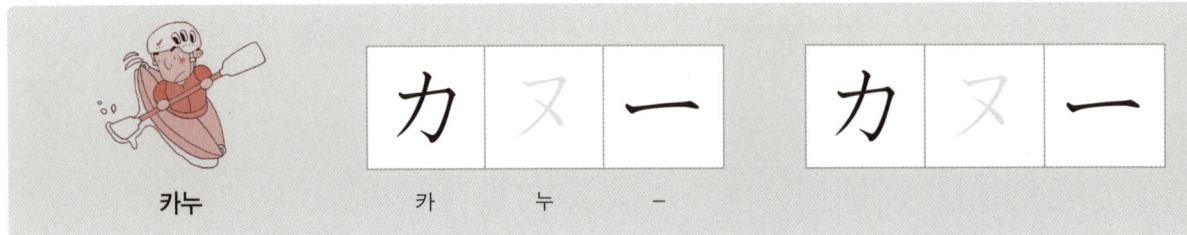

발음 ネ[ne]는 称(일컬을 칭)의 왼쪽 부분을 따서 만든 글자로 우리말의 **네**와 거의 동일하게 발음한다.

필순 4획은 글자에서 약간 뗀다.

발음 ノ[no]는 乃(이에 내)의 왼쪽 일부분을 따서 만든 글자로 우리말의 **노**와 거의 동일하게 발음한다.

필순 위에서 왼쪽으로 비스듬하게 삐침을 그리듯이 한다.

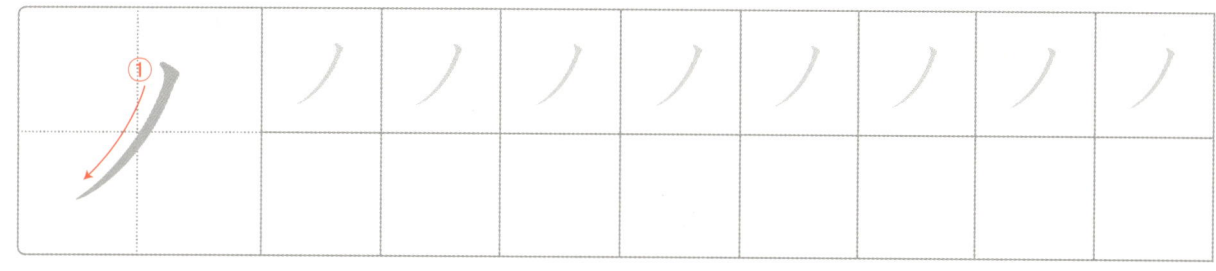

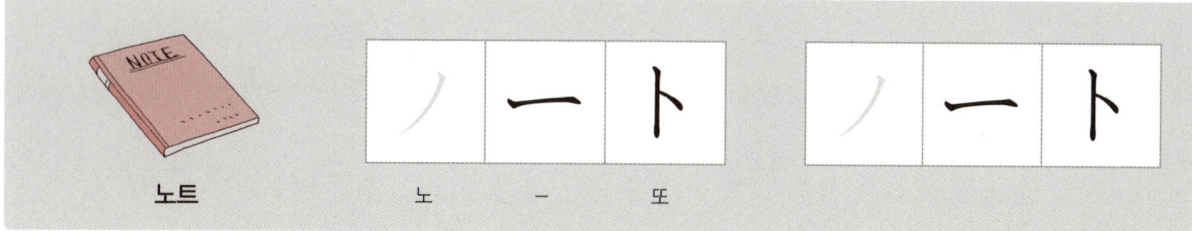

PART 2 카타카나 쓰면서 익히기

♣ 그림과 한글 발음을 보고 단어에 맞는 카타카나를 빈칸에 써넣어 보세요.

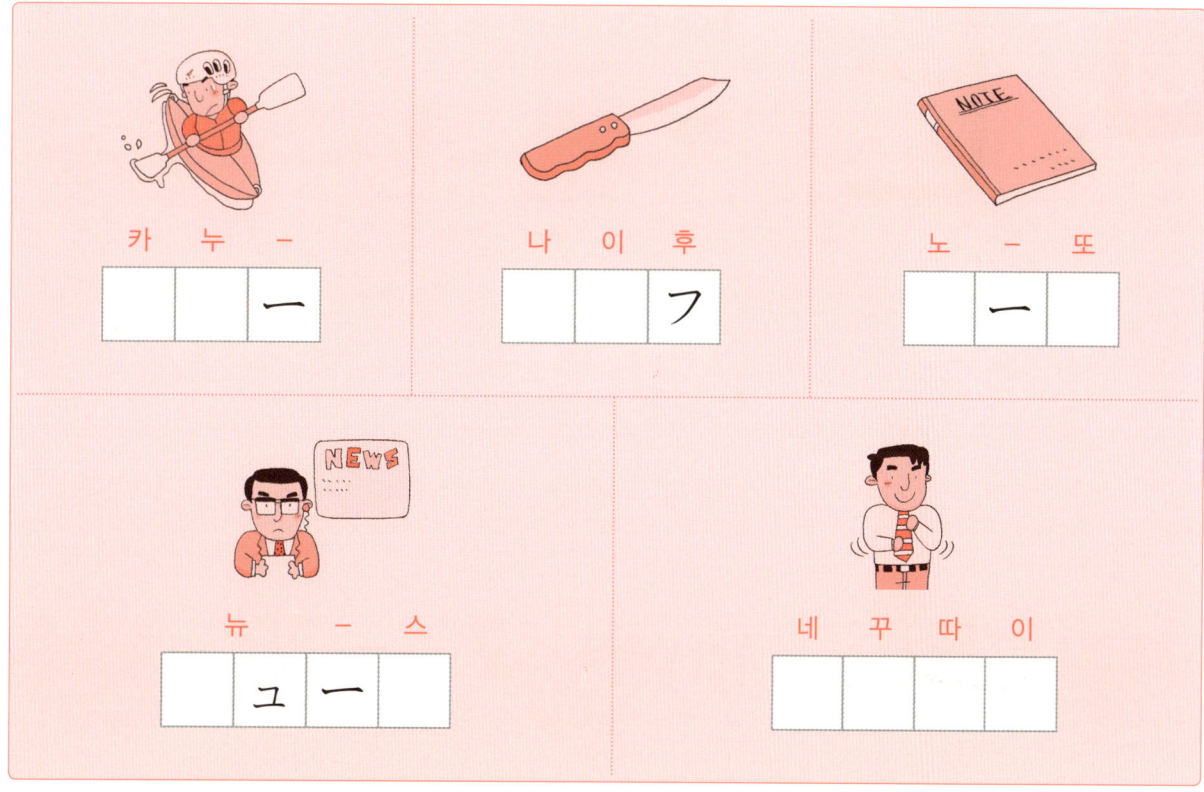

발음 ハ[ha]는 八(여덟 팔)를 그대로 본떠서 만든 글자로 우리말의 **하**와 거의 동일하게 발음한다.

필순 왼쪽과 오른쪽 사이를 넓게 둔다.

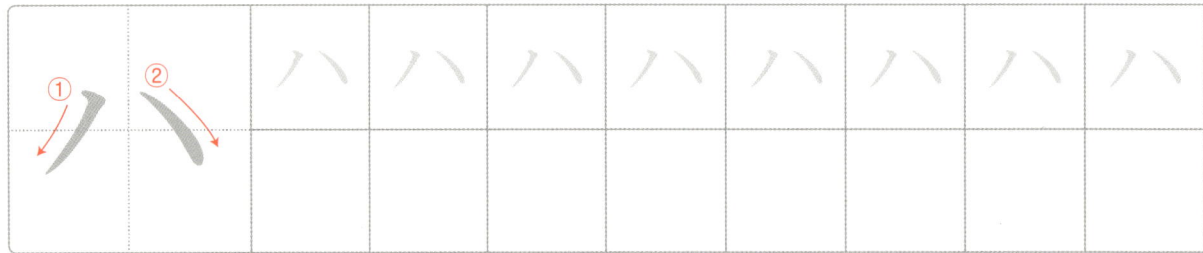

하모니카 | ハ | ー | モ | ニ | カ
하 | — | 모 | 니 | 까

발음 ヒ[hi]는 比(견줄 비)의 오른쪽 부분을 따서 만든 글자로 우리말의 **히**와 거의 동일하게 발음한다.

필순 1획의 가로선은 약간 오른쪽 위에서 시작하여 아래로 내린다.

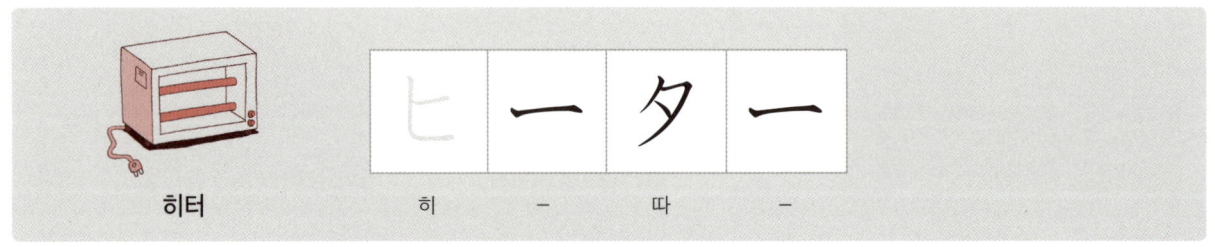

히터 | ヒ | ー | タ | ー
히 | — | 따 | —

발음 フ[hu]는 不(아닐 부)의 왼쪽 윗부분을 따서 만든 글자로 우리말의 **후**와 거의 동일하게 발음한다.

필순 꺾을 때는 왼쪽으로 과감하게 내려쓴다.

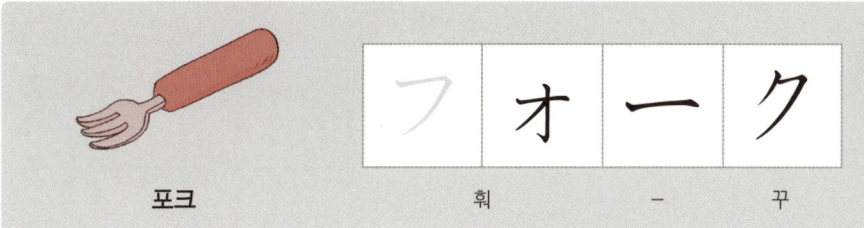

포크 　　　 훠 ー 꾸

발음 ヘ[he]는 部(거느릴 부)의 오른쪽 부분의 한 획을 따서 변형시킨 글자로 우리말의 **헤**와 거의 동일하게 발음한다.

필순 히라가나 へ보다 꺾는 부분을 각지게 한다.

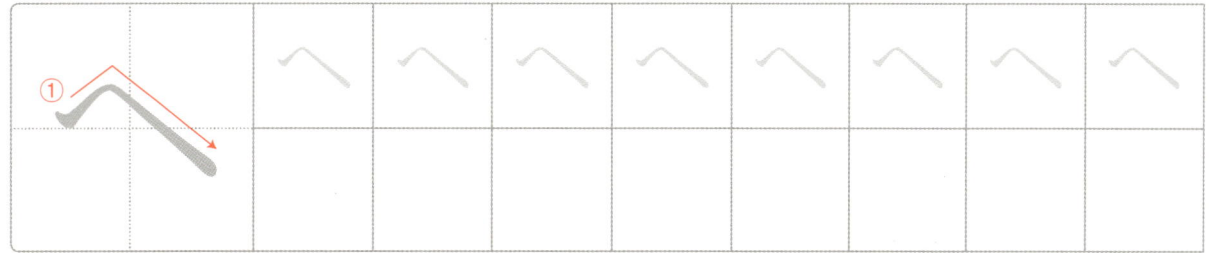

헬리콥터 　　　 헤 리 꼬 뿌 따 ー

PART 2 카타카나 쓰면서 익히기

69

발음 ホ[ho]는 保(지킬 보)의 오른쪽 아랫부분을 따서 만든 글자로 우리말의 호와 거의 동일하게 발음한다.

필순 좌우의 점은 끝으로 갈수록 넓어지게 한다.

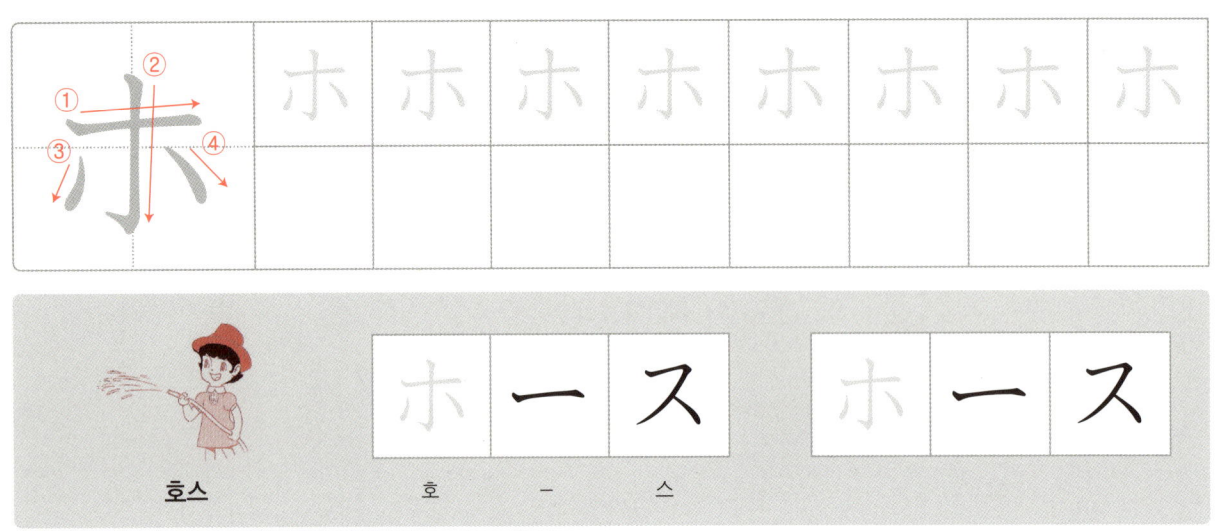

♣ 그림과 한글 발음을 보고 단어에 맞는 카타카나를 빈칸에 써넣어 보세요.

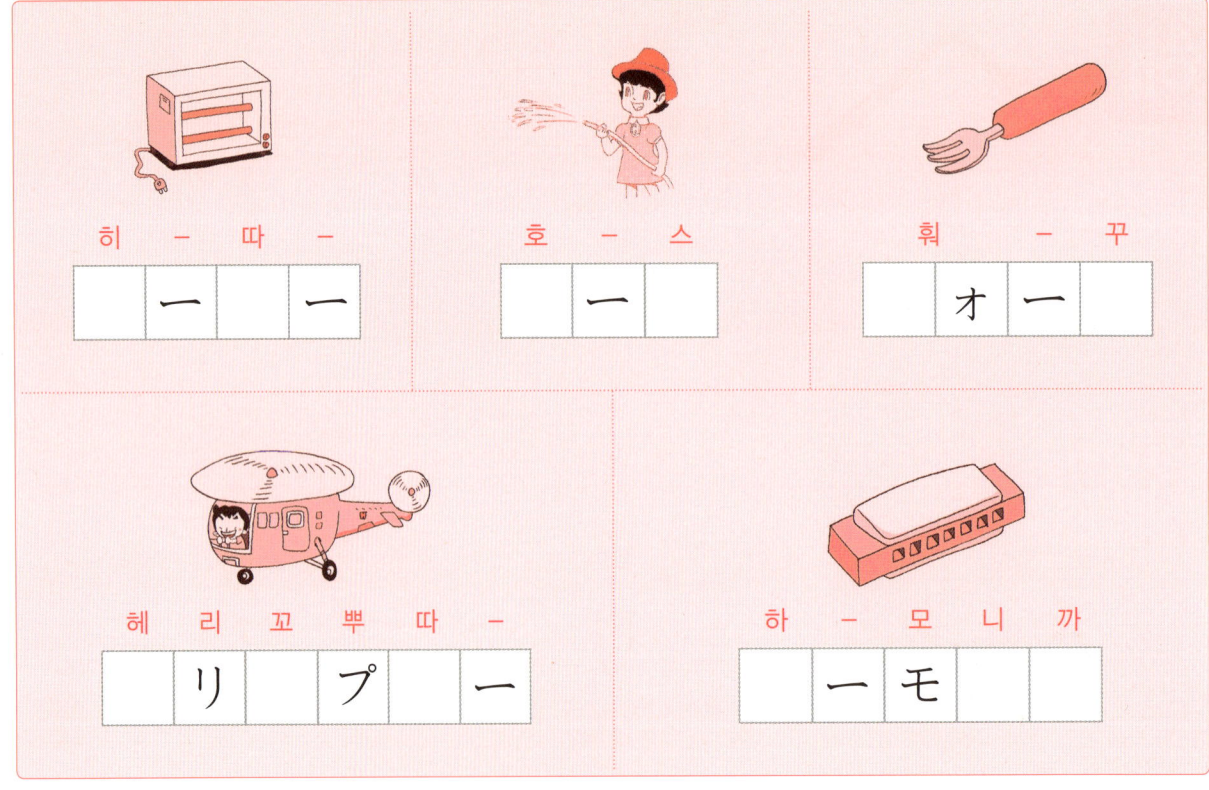

발음 マ[ma]는 万(일만 만)를 변형시켜 만든 글자로 우리말의 **마**와 거의 동일하게 발음한다.

필순 2획의 점은 글자의 중심에 위치하며 위에서 아래로 내려쓴다.

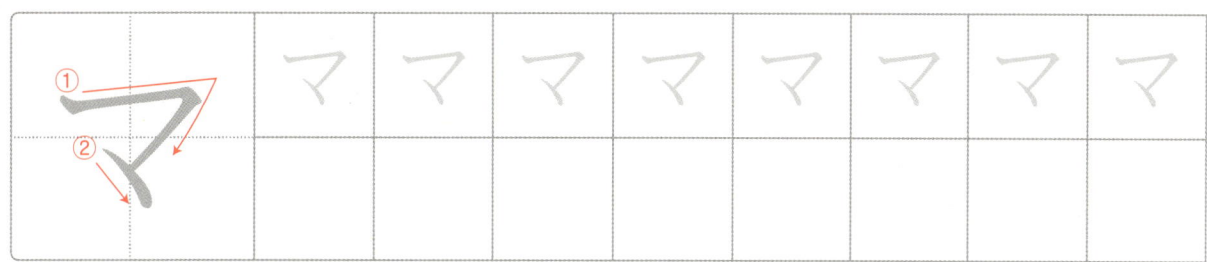

머플러 — マフラー
마 후 라 −

PART **2** 카타카나 쓰면서 익히기

발음 ミ[mi]는 三(석 삼)를 그대로 본떠 변형시킨 글자로 우리말의 **미**와 거의 동일하게 발음한다.

필순 마지막 부분은 약간 길게 한다.

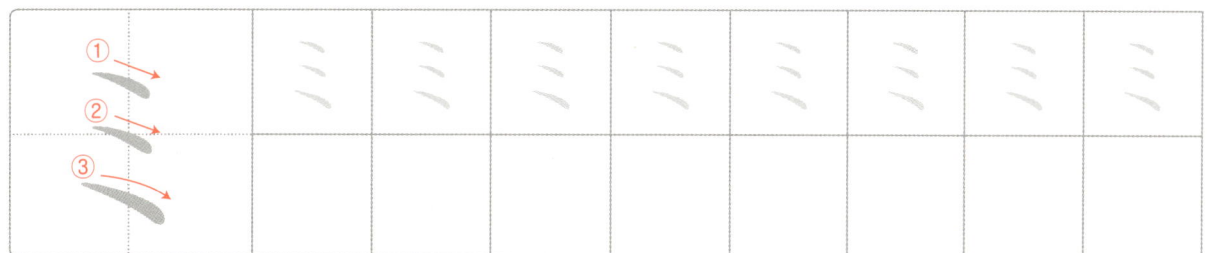

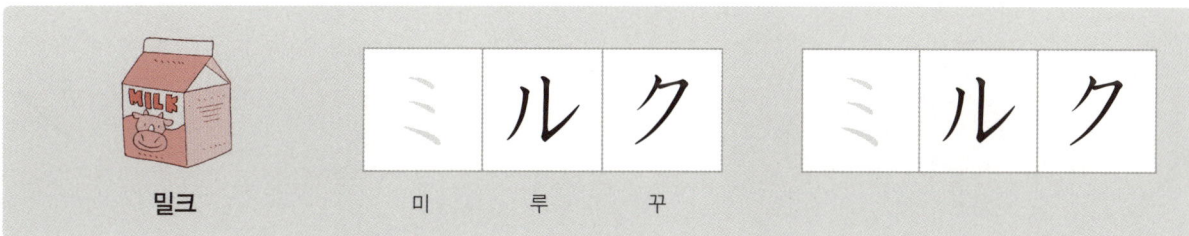

밀크 — ミルク / ミルク
미 루 꾸

71

발음 ム[mu]는 牟(소우는소리 모)의 윗부분을 따서 만든 글자로 우리말의 무와 거의 동일하게 발음한다.

필순 정삼각형으로 하되 마지막 획은 왼쪽과 세모지게 한다.

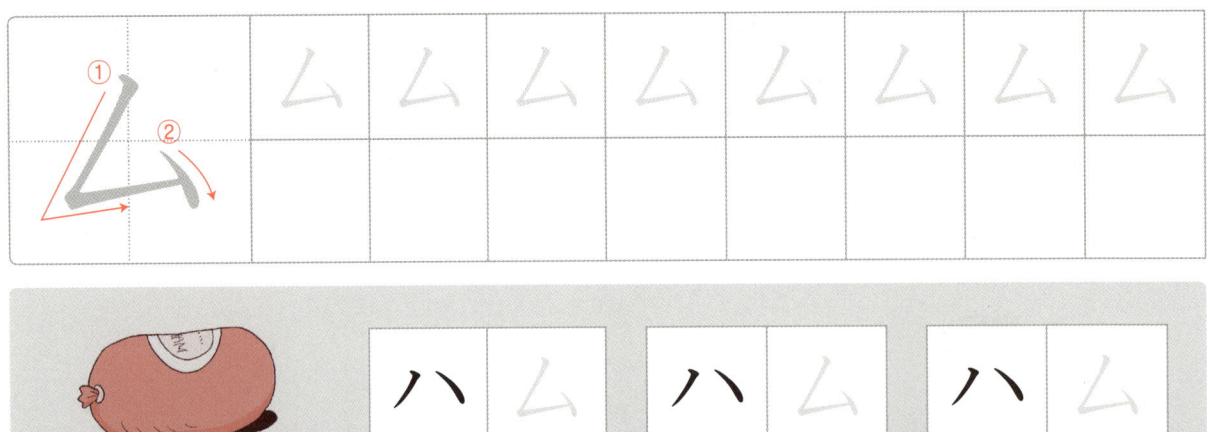

햄 / 하 무

발음 メ[me]는 女(계집 녀)의 아랫부분을 따서 변형시킨 문자로 우리말의 메와 거의 동일하게 발음한다.

필순 2획은 중심에서 교차시키며 점 아래는 약간 길게 한다.

멜론 / 메 론

발음 モ[mo]는 毛(터럭 모)의 1획을 삭제하여 변형시킨 문자로 우리말의 **모**와 거의 동일하게 발음한다.

필순 가로선의 길이가 다르므로 주의한다.

PART **2**

카타카나 쓰면서 익히기

モノレール
모 노 레 - 루

모노레일

♣ 그림과 한글 발음을 보고 단어에 맞는 카타카나를 빈칸에 써넣어 보세요.

73

 ヤ행

ヤ [ya]

발음 ヤ[ya]는 也(어조사 야)의 1획을 삭제하여 변형시킨 글자로 우리말의 **야**와 거의 동일하게 발음한다.

필순 가로선을 위로 약간 올린 다음 안쪽으로 꺾는다.

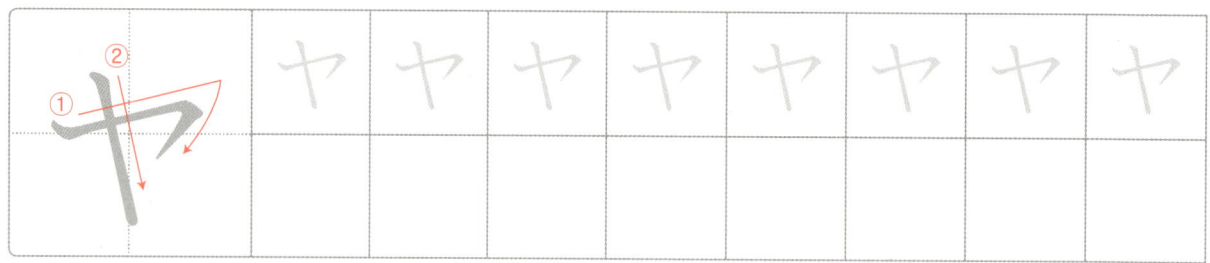

タイヤ　タイヤ
타이어　타　이　야

ユ [yu]

발음 ユ[yu]는 由(말미암을 유)의 아랫부분을 따서 변형시킨 글자로 우리말의 **유**와 거의 동일하게 발음한다.

필순 아랫부분은 약간 위쪽으로 휘어지게 한다.

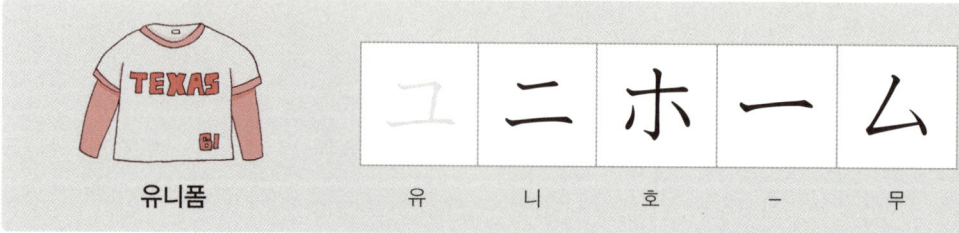
유니폼　유　니　호　ー　무

ヨ

발음 ヨ[yo]는 與(줄 여)의 오른쪽 윗부분을 따서 변형시킨 글자로 우리말의 요와 거의 동일하게 발음한다.

필순 가로선의 간격은 거의 같게 하며 세로선은 왼쪽으로 약간 기울인다.

ヨ ヨ ヨ

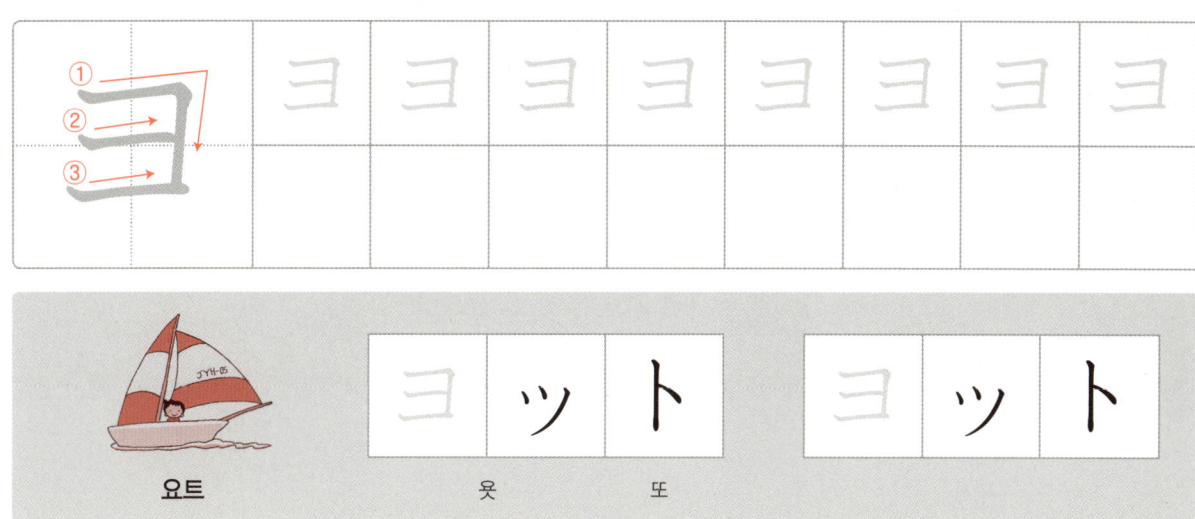

요트 / 욧 또

PART 2 카타카나 쓰면서 익히기

♣ 그림과 한글 발음을 보고 단어에 맞는 카타카나를 빈칸에 써넣어 보세요.

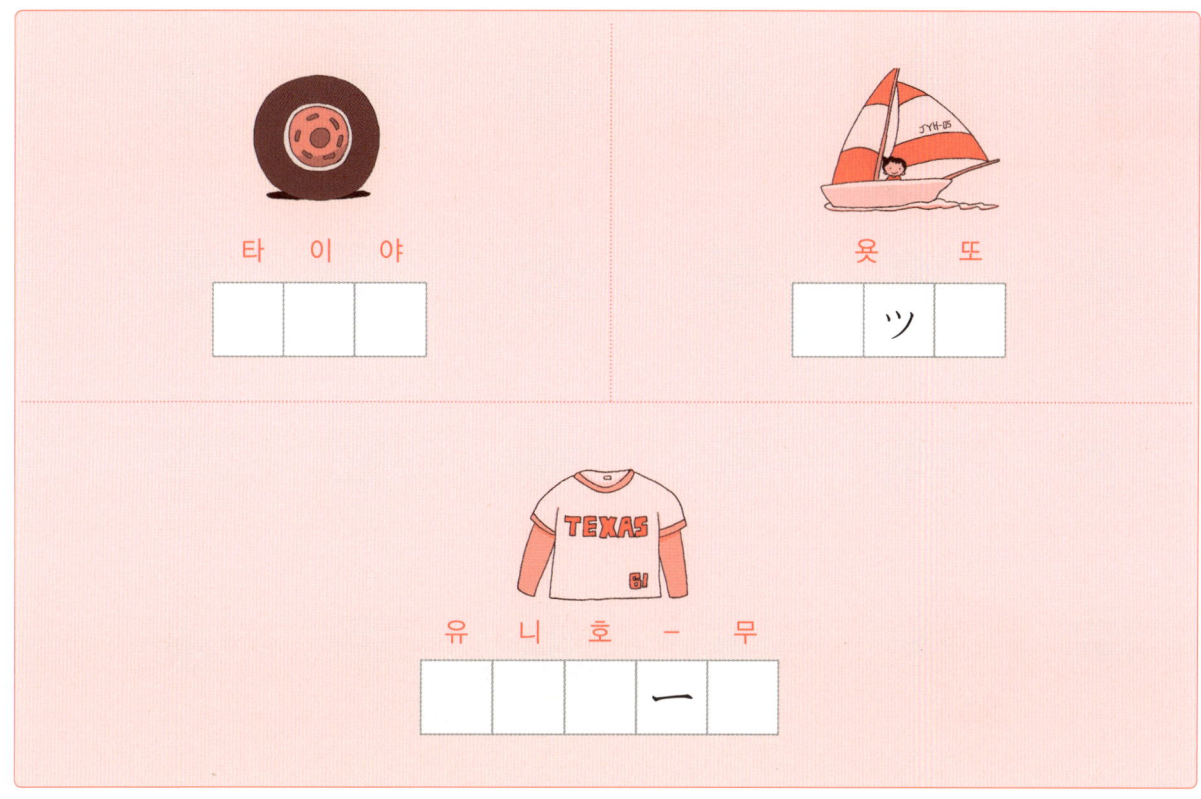

타이야

욧 또

유니호ー무

 ラ행

 라

발음 ラ[ra]는 良(좋을 량)의 위쪽 일부분을 따서 변형시킨 글자로 우리말의 **라**처럼 발음하며, 단어의 첫머리에 오더라도 **나**로 변하지 않는다.

필순 가로선의 간격에 넓게 하지 않도록 주의한다.

ララ

사자 — ライオン — 라 이 옹

 리

발음 リ[ri]는 利(이로울 리)의 오른쪽 부분을 따서 만든 글자로 우리말의 **리**처럼 발음하며, 단어의 첫머리에 오더라도 **이**로 변하지 않는다.

필순 1획에서 짧게 그린 다음 멈추고 2획은 빠르게 써내려 간다.

リリ

리본 — リボン — 리 봉

루 ル

발음 ル[ru]는 流(흐를 류)의 오른쪽 아랫부분을 따서 변형시킨 글자로 우리말의 루처럼 발음하며, 단어의 첫머리에 오더라도 누로 변하지 않는다.

필순 세로선의 간격은 약간 넓히며 아래는 평행을 이루게 한다.

ル ル

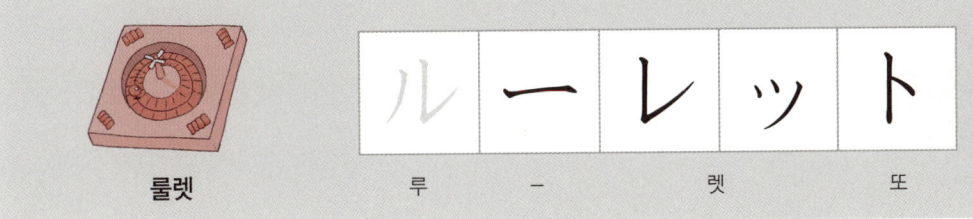

ルーレット
룰렛

루 — 렛 또

레 レ

발음 レ[re]는 礼(예도 례)의 오른쪽 부분을 따서 만든 글자로 우리말의 레처럼 발음하며, 단어의 첫머리에 오더라도 네로 변하지 않는다.

필순 중심보다 왼쪽에서 시작하여 위로 끌어올린다.

レ

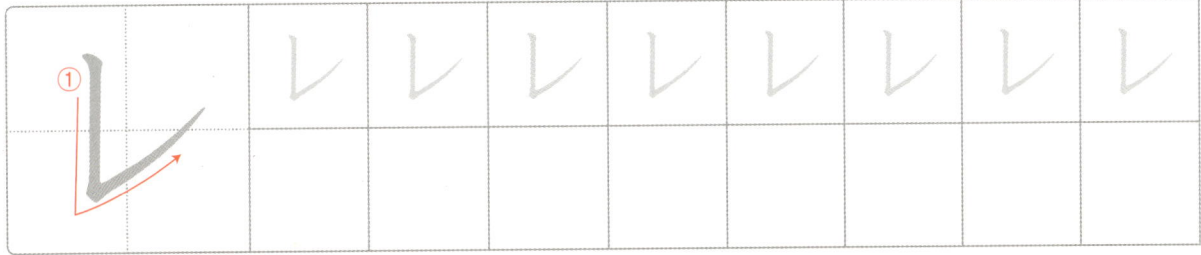

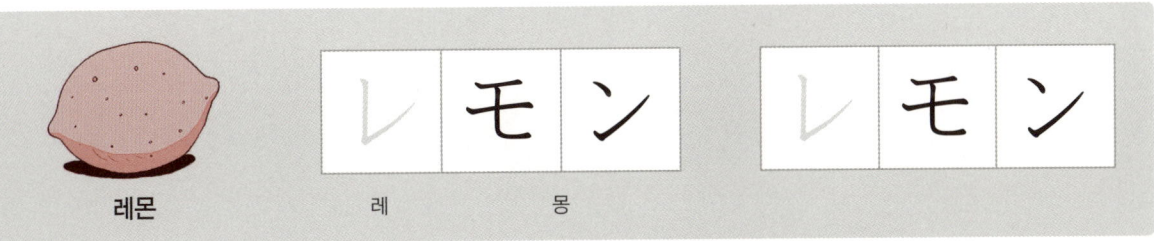

레몬

레 몽

PART 2 카타카나 쓰면서 익히기

발음 ロ[ro]는 呂(음률 려)의 위쪽 부분을 따서 만든 글자로 우리말의 **로**처럼 발음하며, 단어의 첫머리에 오더라도 **노**로 변하지 않는다.

필순 세로선은 안쪽으로 기울인다.

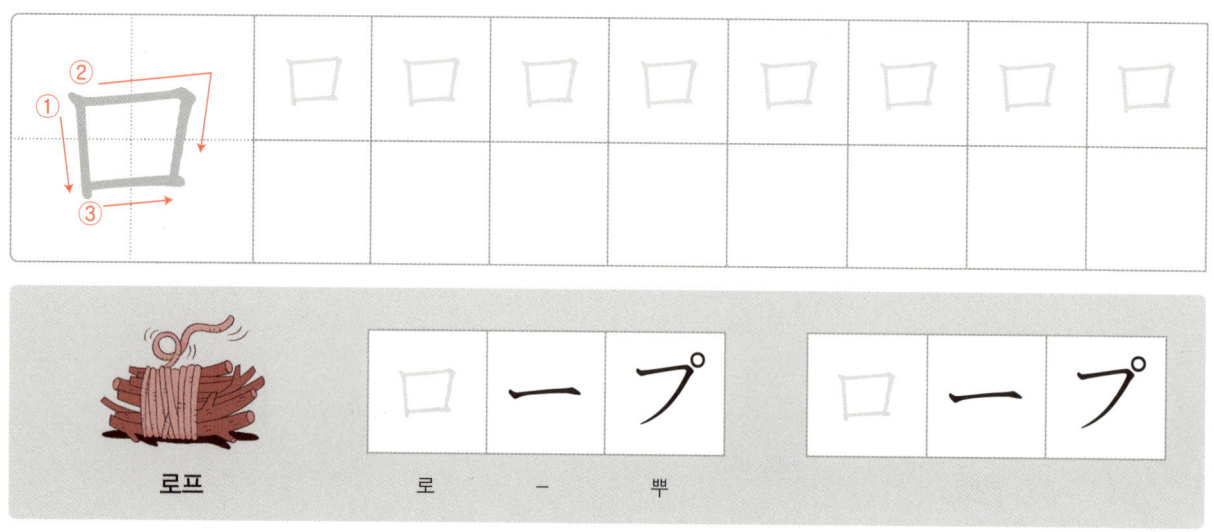

♣ 그림과 한글 발음을 보고 단어에 맞는 카타카나를 빈칸에 써넣어 보세요.

ワ행

와 ワ

발음 ワ[wa]는 和(화할 화)의 오른쪽 부분의 1획을 삭제하여 변형시킨 글자로 우리말의 와와 거의 동일하게 발음한다.

필순 오른쪽 선은 중심까지 끌어내린다.

ワワ

와이셔츠 — ワイシャツ (와 이 샤 쯔)

오 ヲ

발음 ヲ[o]는 乎(어조사 호)의 일부분을 취해서 만든 글자로 ア행의 オ와 발음이 같다. *카타카나 ヲ는 거의 쓰이지 않는다.

필순 오른쪽 선은 중심까지 왼쪽으로 길쭉하게 끌어내린다.

ヲヲヲ

이를 닦다 — ハヲミガク (하 오 미 가 꾸)

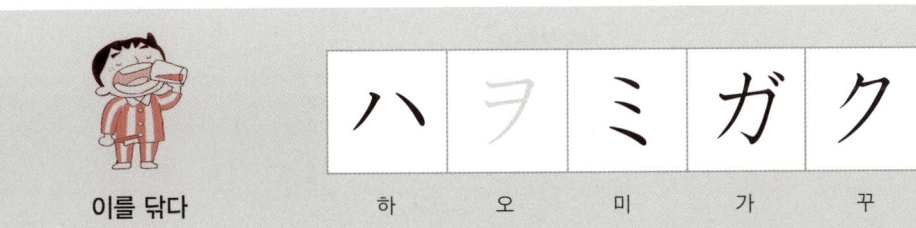

PART 2 카타카나 쓰면서 익히기

 하네루 음

응 ン

발음 ン [n, m, ng]은 카타카나 レ를 변형시켜 만든 글자로 다른 글자 밑에서 받침으로만 쓰이며 ㄴ, ㅁ, ㅇ 등으로 발음한다.

필순 위쪽 점은 아래쪽 선의 중심에 위치하며 2획은 아래에서 위로 올려쓴다.

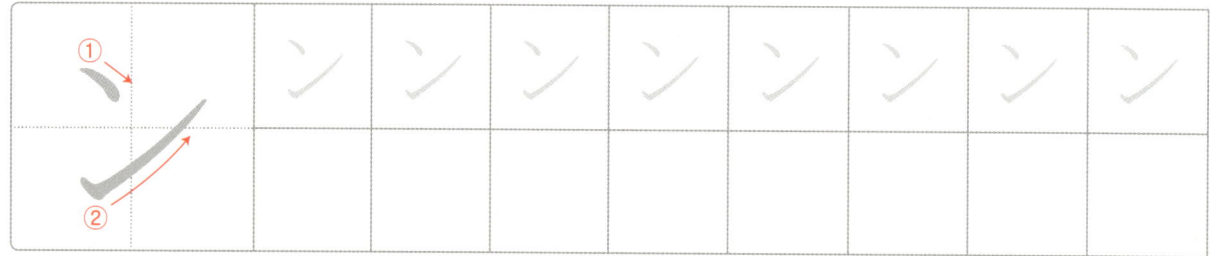

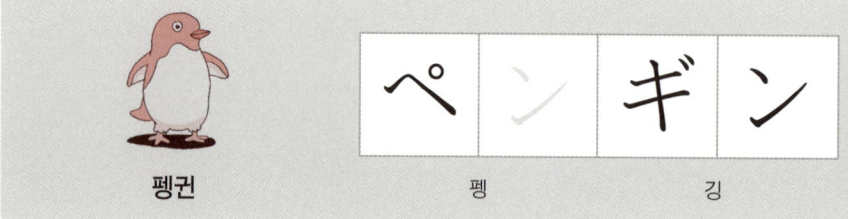

펭귄 — ペンギン (펭 / 깅)

♣ 그림과 한글 발음을 보고 단어에 맞는 카타카나를 빈칸에 써넣어 보세요.

하 오 미 가 꾸 — □ □ □ ガ □

와 이 샤 쯔 — □ □ □ ヤ □

펭 깅 — ペ □ ギ □

80

2. 탁음

탁음濁音이란 청음清音에 비해 탁한 소리를 말하며, **カ サ タ ハ**행의 글자 오른쪽 윗부분에 탁점(゛)을 붙인 음을 말한다. **ダ**행의 **ヂ ヅ**는 **ザ**행의 **ジ ズ**와 발음이 동일하여 현대어에는 특별한 경우 이외는 별로 쓰이지 않는다.

	ア단	イ단	ウ단	エ단	オ단
ガ행	ガ 가 (ga)	ギ 기 (gi)	グ 구 (gu)	ゲ 게 (ge)	ゴ 고 (go)
ザ행	ザ 자 (za)	ジ 지 (zi)	ズ 즈 (zu)	ゼ 제 (ze)	ゾ 조 (zo)
ダ행	ダ 다 (da)	ヂ 지 (zi)	ヅ 즈 (zu)	デ 데 (de)	ド 도 (do)
バ행	バ 바 (ba)	ビ 비 (bi)	ブ 부 (bu)	ベ 베 (be)	ボ 보 (bo)

3. 반탁음

반탁음은 **ハ**행의 오른쪽 윗부분에 반탁점(゜)을 붙인 것을 말하며 우리말의 ㅍ과 ㅃ의 중간음으로 단어의 첫머리에 올 경우에는 ㅍ에 가깝게 발음하고 단어의 중간이나 끝에 올 때는 ㅃ에 가깝게 발음한다.

	ア단	イ단	ウ단	エ단	オ단
パ행	パ 파 (pa)	ピ 피 (pi)	プ 푸 (pu)	ペ 페 (pe)	ポ 포 (po)

ガ행

발음 ガ[ga]행의 발음은 청음인 カ[ka]행의 발음과는 달리 단어의 첫머리나 단어의 끝, 또는 중간에 올 때도 마찬가지로 **가 기 구 게 고**로 발음하며 도쿄 지방에서는 콧소리로 발음한다.

ザ행

발음 ザ[za]행의 발음은 우리말에 없어서 정확히 발음하기 어렵지만 대체적으로 **자 지 즈 제 조**로 발음하면 된다. 입모양은 サ[sa]행과 동일하다.

ダ행

발음 ダ[da]행의 ダ デ ド는 우리말의 **다 데 도**로 발음하고, ヂ ヅ는 ザ행의 ジ ズ와 발음이 동일하며 우리말 **지 즈**로 발음한다.

다 da	ダ
지 zi	ヂ
즈 zu	ヅ
데 de	デ
도 do	ド

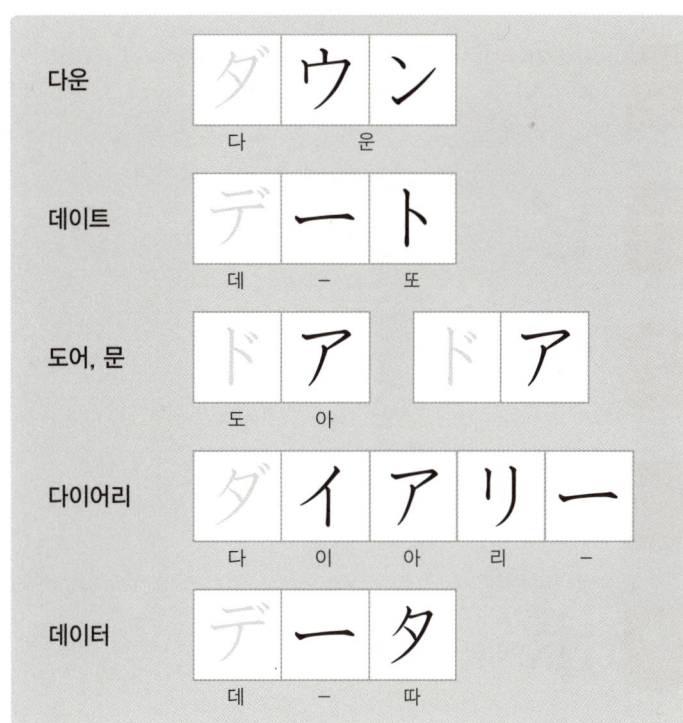

- 다운 — ダウン (다 운)
- 데이트 — デート (데 - 또)
- 도어, 문 — ドア ドア (도 아)
- 다이어리 — ダイアリー (다 이 아 리 -)
- 데이터 — データ (데 - 따)

バ행

발음 バ[ba]행은 우리말의 **바 비 부 베 보**처럼 발음한다. 단, ブ[bu]는 입술을 둥글게 하여 발음하지 않도록 한다.

바 ba	バ
비 bi	ビ
부 bu	ブ
베 be	ベ
보 bo	ボ

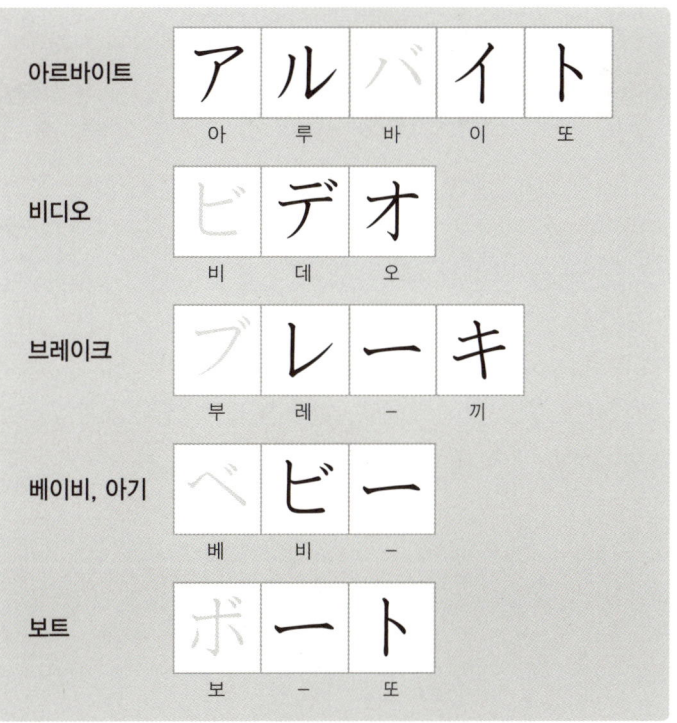

- 아르바이트 — アルバイト (아 루 바 이 또)
- 비디오 — ビデオ (비 데 오)
- 브레이크 — ブレーキ (부 레 - 끼)
- 베이비, 아기 — ベビー (베 비 -)
- 보트 — ボート (보 - 또)

PART 2 — 카타카나 쓰면서 익히기

パ행

발음 반탁음 パ[pa]행은 우리말의 ㅍ과 ㅃ의 중간음으로 단어의 첫머리에 올 경우에는 ㅍ에 가깝게 발음하고 단어의 중간이나 끝에 올 때는 ㅃ에 가깝게 발음한다.

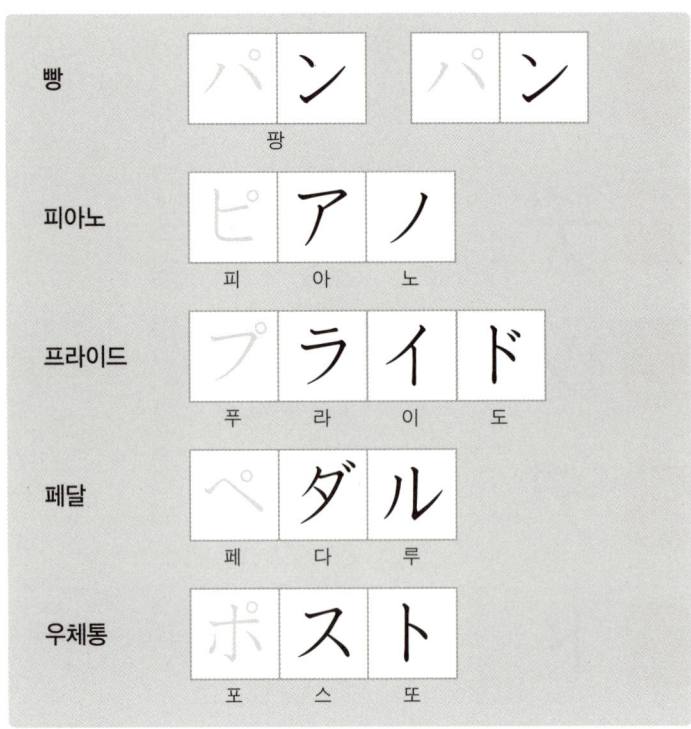

♣ 그림과 한글 발음을 보고 단어에 맞는 탁음과 반탁음을 빈칸에 써넣어 보세요.

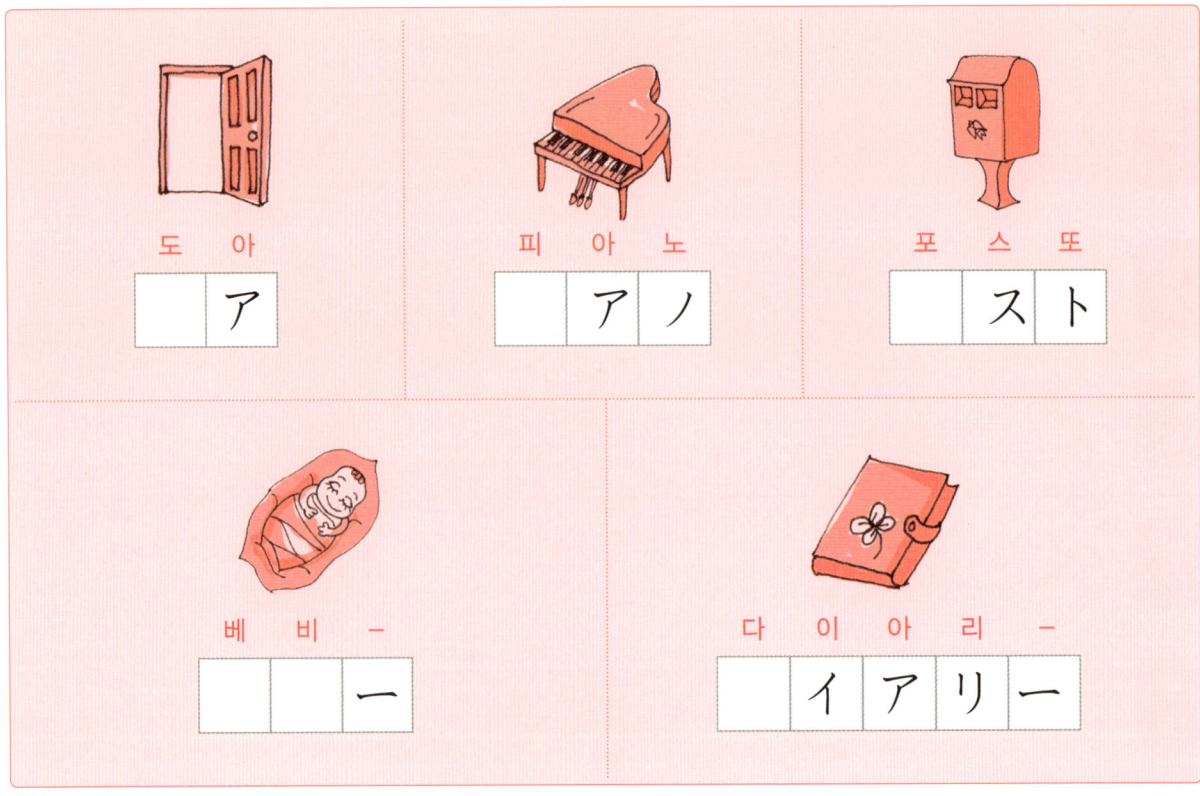

4. 요음

요음이란 **イ**단 글자 중 자음인 **キ シ チ ニ ヒ ミ リ ギ ジ ビ ピ**에 반모음의 작은 글자 **ヤ ユ ヨ**를 붙인 음을 말한다. 따라서 **ヤ ユ ヨ**는 우리말의 ㅑ ㅠ ㅛ 같은 역할을 한다.

	~ヤ	~ユ	~ヨ
キャ행	キャ kya / 캬	キュ kyu / 큐	キョ kyo / 쿄
シャ행	シャ sya(sha) / 샤	シュ syu(shu) / 슈	ショ syo(sho) / 쇼
チャ행	チャ cha / 챠	チュ chu / 츄	チョ cho / 쵸
ニャ행	ニャ nya / 냐	ニュ nyu / 뉴	ニョ nyo / 뇨
ヒャ행	ヒャ hya / 햐	ヒュ hyu / 휴	ヒョ hyo / 효
ミャ행	ミャ mya / 먀	ミュ myu / 뮤	ミョ myo / 묘
リャ행	リャ rya / 랴	リュ ryu / 류	リョ ryo / 료
ギャ행	ギャ gya / 갸	ギュ gyu / 규	ギョ gyo / 교
ジャ행	ジャ zya(ja) / 쟈	ジュ zyu(ju) / 쥬	ジョ zyo(jo) / 죠
ビャ행	ビャ bya / 뱌	ビュ byu / 뷰	ビョ byo / 뵤
ピャ행	ピャ pya / 퍄	ピュ pyu / 퓨	ピョ pyo / 표

PART **2**

카타카나 쓰면서 익히기

발음 キャ[kya]행은 단어의 첫머리에서는 **캬 큐 쿄**로 발음한다. 그러나 단어의 중간이나 끝에서는 **꺄 뀨 꾜**로 강하게 발음한다.

캬 kya	キャ
큐 kyu	キュ
쿄 kyo	キョ

캐리어, 경력	キャリア (캬리아)
쿠바	キューバ (큐-바)
캐스트, 배역	キャスト (캬스또)

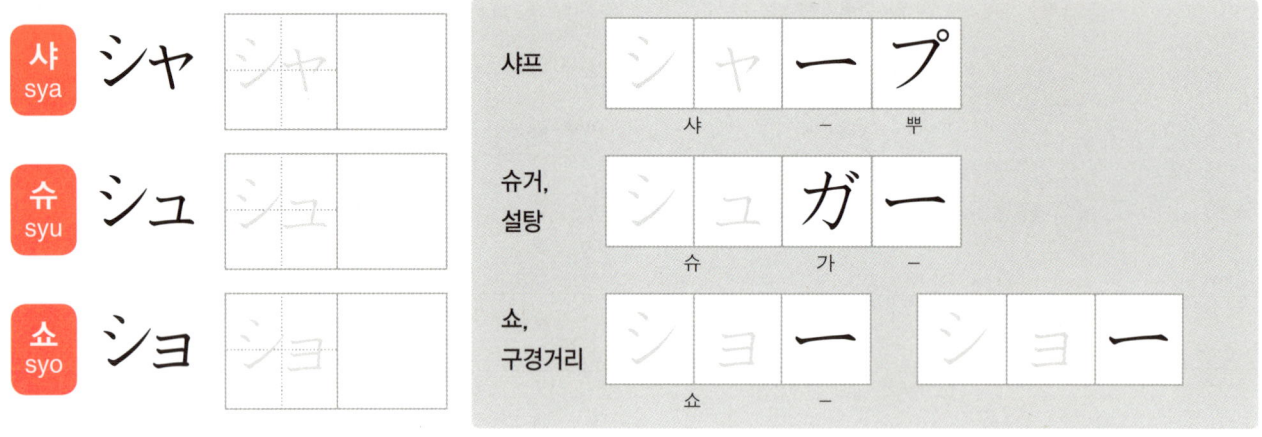

발음 シャ[sya]행은 우리말의 **샤 슈 쇼**처럼 발음하며, 로마자로 표기할 때는 **sya syu syo**와 **sha shu sho** 두 가지로 한다.

샤 sya	シャ
슈 syu	シュ
쇼 syo	ショ

샤프	シャープ (샤-뿌)
슈거, 설탕	シュガー (슈가-)
쇼, 구경거리	ショー (쇼-) ショー

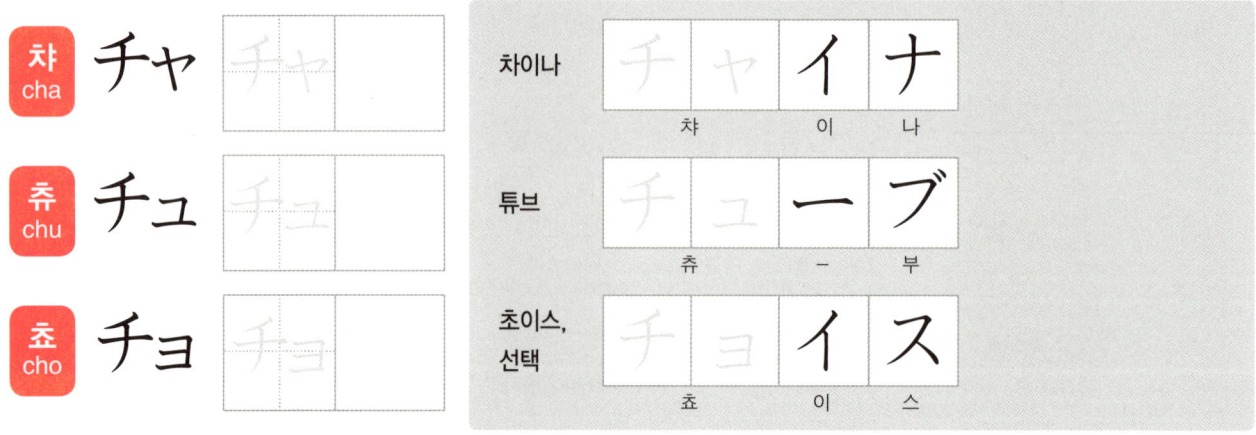

발음 チャ[cha]행은 단어의 첫머리에서는 **챠 츄 쵸**로 발음하지만, 단어의 중간이나 끝에서는 강한 소리인 **쨔 쮸 쬬**로 발음한다.

챠 cha	チャ
츄 chu	チュ
쵸 cho	チョ

차이나	チャイナ (챠이나)
튜브	チューブ (츄-부)
초이스, 선택	チョイス (쵸이스)

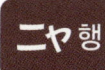 **발음** ニャ[nya]행은 우리말의 **냐 뉴 뇨**처럼 발음하며, 우리말에서는 단어의 첫머리에 오면 **야 유 요**로 발음하지만 일본어에서는 그렇지 않다.

냐 nya	ニャ
뉴 nyu	ニュ
뇨 nyo	ニョ

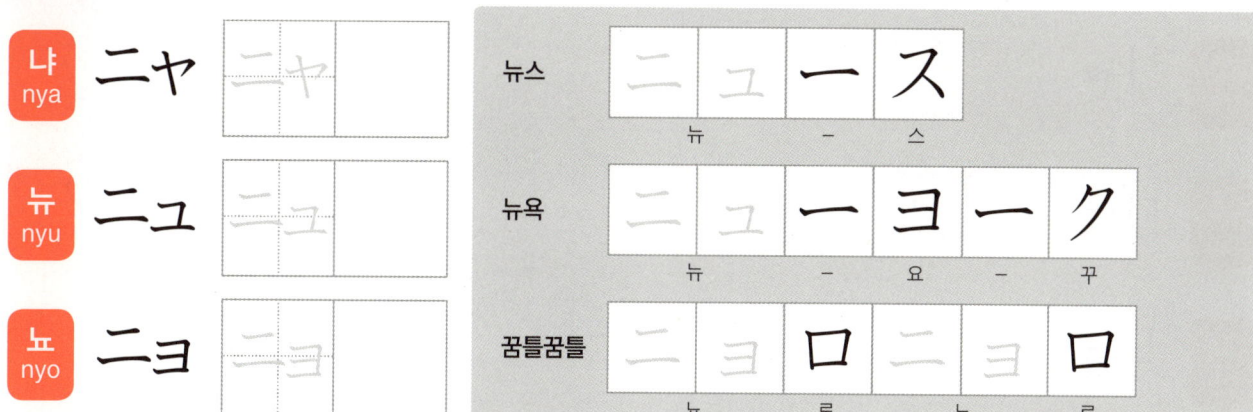

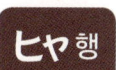 **발음** ヒャ[hya]행은 우리말의 **햐 휴 효**처럼 발음하며, 발음이 힘들다고 하여 **하 후 호**로 발음하지 않도록 주의한다.

햐 hya	ヒャ
휴 hyu	ヒュ
효 hyo	ヒョ

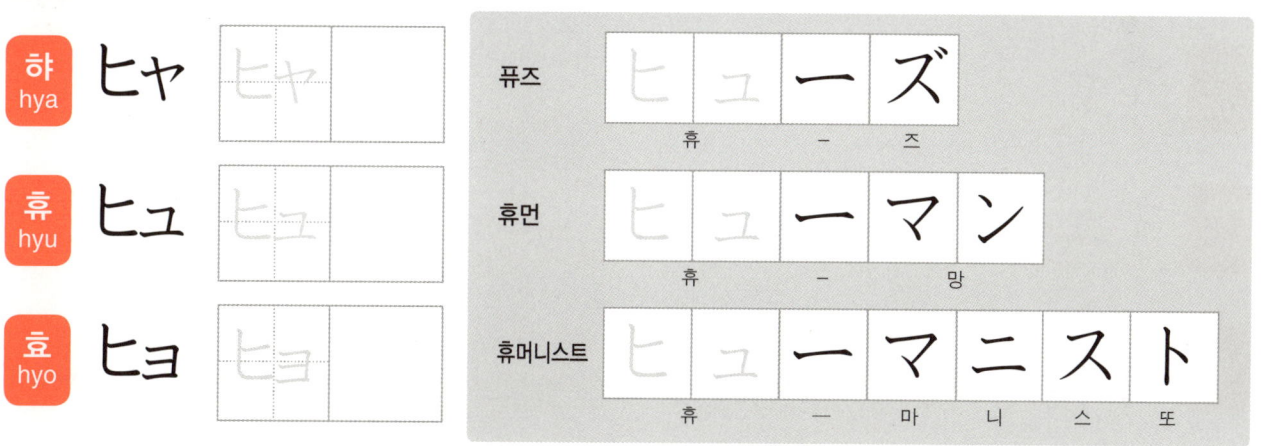

발음 ミャ[mya]행은 우리말의 **먀 뮤 묘**처럼 발음하며, 발음하기 힘들다고 하여 **마 무 모**로 발음하지 않도록 주의한다.

먀 mya	ミャ
뮤 myu	ミュ
묘 myo	ミョ

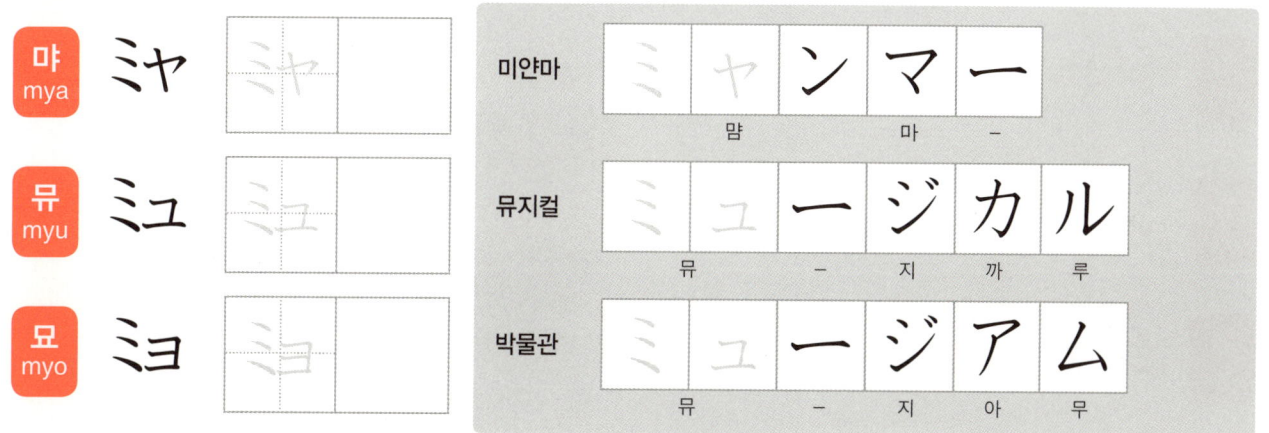

PART 2

카타카나 쓰면서 익히기

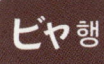 **발음** ビャ[bya]행은 ヒャ[hya]행에 탁음이 붙은 것으로 우리말의 **뱌 뷰 뵤**처럼 발음한다. **바 부 보**로 발음하지 않도록 주의한다.

뱌 bya	ビャ
뷰 byu	ビュ
뵤 byo	ビョ

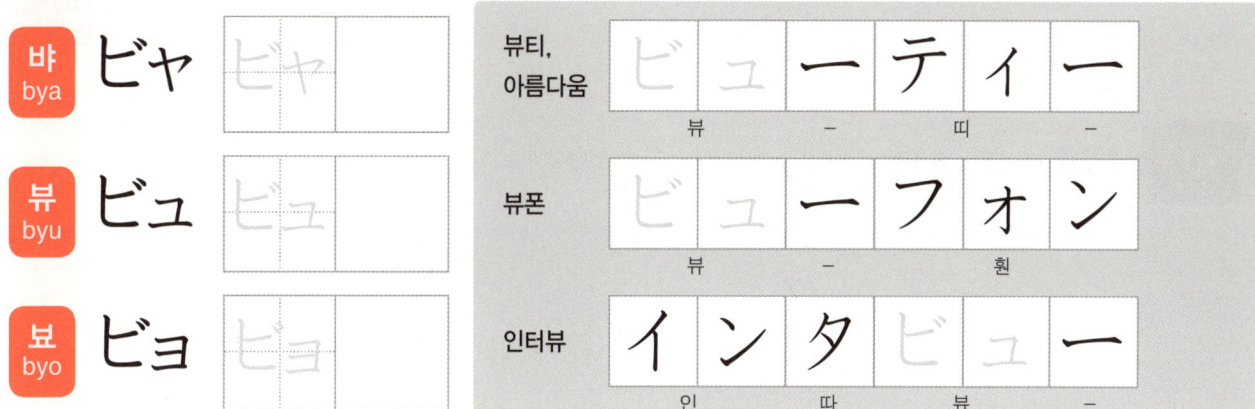

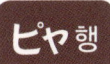 **발음** ピャ[pya]행은 단어의 첫머리에서는 **퍄 퓨 표**로 발음하지만, 단어의 중간이나 끝에서는 **빠 뿨 뽀**로 강하게 발음한다.

퍄 pya	ピャ
퓨 pyu	ピュ
표 pyo	ピョ

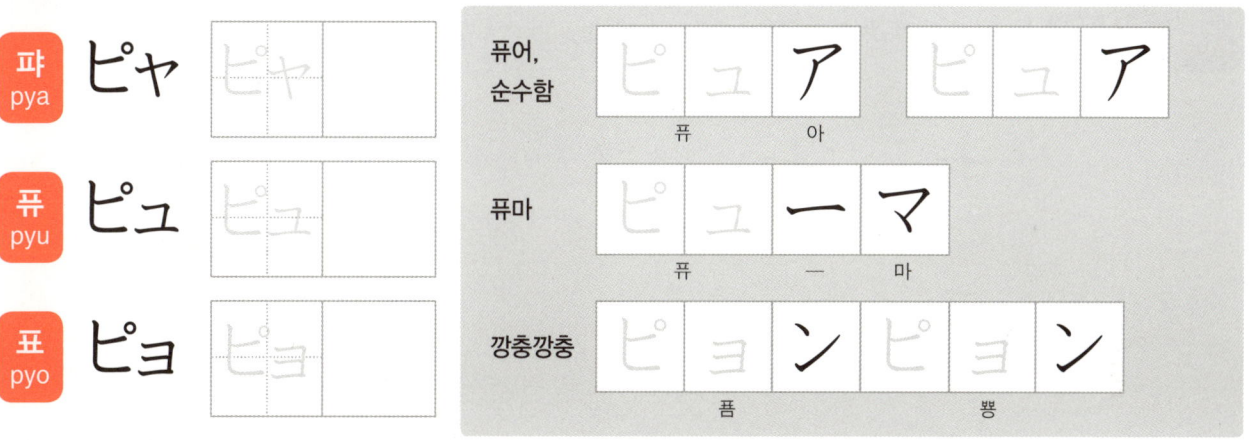

PART 2
카타카나 쓰면서 익히기

5 하네루 음

하네루 음이란 오십음도의 마지막 글자인 **ン**을 말한다. **ン**은 단어의 첫머리에 올 수 없으며 항상 다른 글자 뒤에 쓰여 우리말의 받침과 같은 구실을 한다. 따라서 **ン** 다음에 오는 글자의 영향에 따라 우리말의 ㄴ(n) ㅁ(m) ㅇ(ng)으로 소리가 난다.

ㅇ

발음 ン 다음에 **カ ガ**행의 글자가 이어지면 ㅇ(ng)으로 발음한다.

밍크	ミ ン ク		
	밍 꾸		
캥거루	カ ン ガ ル ー		
	캉 가 루 ー		

ㄴ

발음 ン 다음에 **サ ザ タ ダ ナ ラ**행의 글자가 이어지면 ㄴ(n)으로 발음한다.

난센스	ナ ン セ ン ス	
	난 센 스	
엔진	エ ン ジ ン	
	엔 진	
힌트	ヒ ン ト	
	힌 또	
팬더	パ ン ダ	
	판 다	
신나	シ ン ナ ー	
	신 나 ー	
선라이즈	サ ン ラ イ ズ	
	산 라 이 즈	

ㅁ **발음** ン 다음에 **マ バ パ**행의 글자가 이어지면 ㅁ(**m**)으로 발음한다.

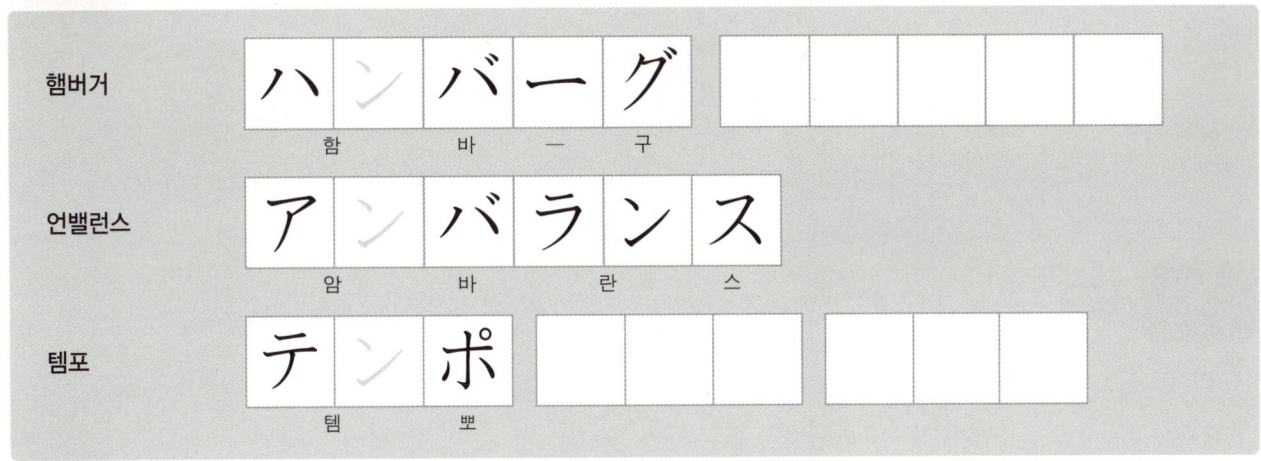

ㅇ **발음** ン 다음에 **ア ハ ヤ ワ**행의 글자가 이어지면 ㄴ(**n**)과 ㅇ(**ng**)의 중간음으로 발음한다. 또한 단어 끝에 ン이 와도 마찬가지이다.

PART **2** 카타카나 쓰면서 익히기

6 촉음

촉음이란 막힌 소리의 하나로 우리말의 받침과 같은 역할을 하는 것을 말한다. 즉, 촉음은 **ツ**를 작을 글자 **ッ**로 표기하여 다른 글자 밑에서 받침으로만 쓰인다. 이 촉음은 하나의 음절을 갖고 있으며 뒤에 오는 글자의 영향에 따라 우리말 받침의 ㄱ ㅅ ㄷ ㅂ으로 발음한다.

ㄱ **발음** 촉음인 ッ 다음에 **カ**행인 **カ キ ク ケ コ**가 이어지면 ㄱ(**k**)으로 발음한다.

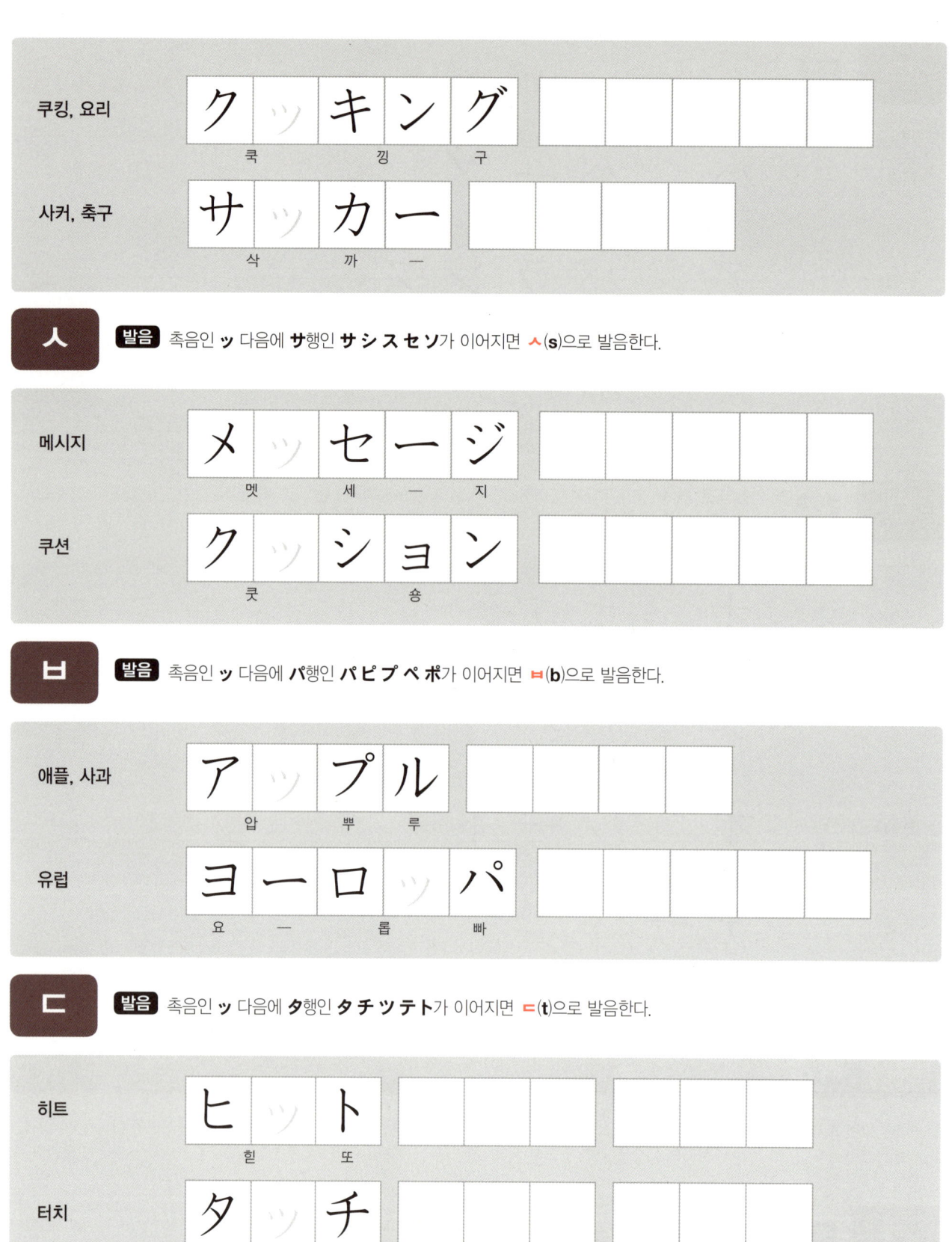

7 장음

장음이란 같은 모음이 중복될 때 앞의 발음을 길게 발음하는 것을 말한다. 우리말에서는 장음의 구별이 어렵지만 일본어에서는 이것을 확실히 구분하여 쓴다. 음의 장단에 따라 그 의미가 달라지므로 주의해야 한다. 또, **カタカナ**에서는 장음부호를 ━로 표기한다. 이 책의 우리말 장음 표기에서도 편의상 ━로 처리하였다.

발음 ア단 다음에 장음 표시인 ━가 오면 앞 말의 ア음을 길게 발음한다.

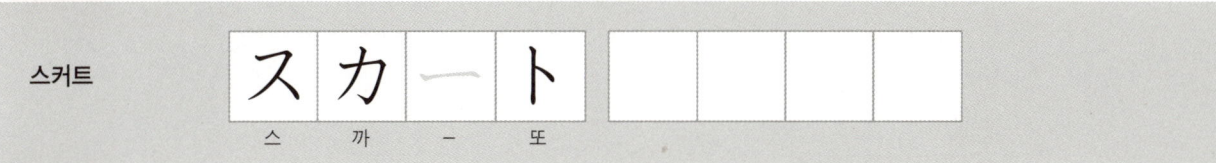

스커트 — スカート (스까—또)

발음 イ단 다음에 장음 표시인 ━가 오면 앞 말의 イ음을 길게 발음한다.

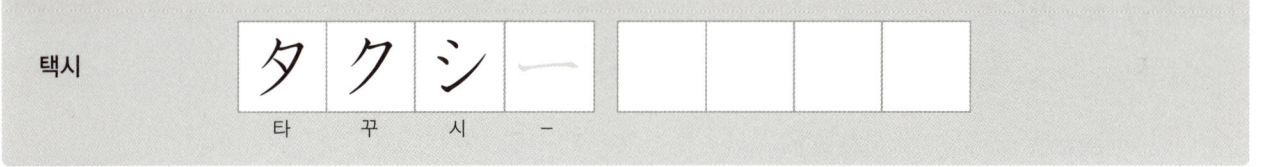

택시 — タクシー (타꾸시—)

발음 ウ단 다음에 장음 표시인 ━가 오면 앞 말의 ウ음을 길게 발음한다.

슈퍼 — スーパー (스—빠—)

エ **발음** エ단 다음에 장음 표시인 ━가 오면 앞 말의 エ음을 길게 발음한다.

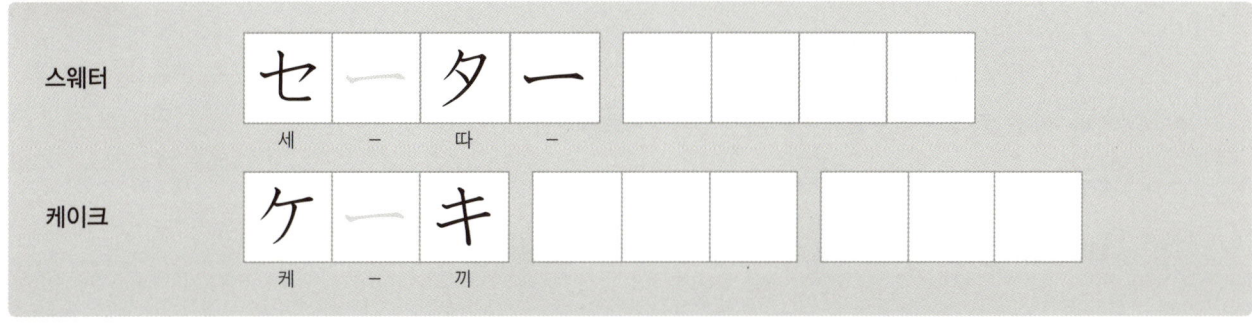

스웨터 — セーター (세—따—)

케이크 — ケーキ (케—끼)

オ

발음 オ단 다음에 장음 표시인 ー가 오면 앞 말의 オ음을 길게 발음한다.

커피 | コ ー ヒ ー
코 ー 히 ー

♦ 외래어 표기법 ♦

♣ 카타카나 장음은 장음부호 ー를 붙여서 표기한다.

card	カード	카 ー 도
cheese	チーズ	치 ー 즈
case	ケース	케 ー 스

♣ 외래어 f- 는 가타카나 フ 다음에 작은 글자 ァ·ィ·ゥ·ェ·ォ를 붙여서 표기한다.

file	ファイル	화이루
film	フィルム	휘루무
form	フォーム	훠ー무

♣ 외래어 ti-, di-는 テ, デ에 작은 글자 ィ를 붙여 ティ, ディ로 표기한다.

| tea | ティー | 티 ー |
| building | ビルディング | 비루딩구 |

PART 3

주제별 단어로
문자와 발음 익히기

- ✓ 1. 집안에서 쓰이는 단어로 문자와 발음 익히기   **96**
- ✓ 2. 의복에 관련된 단어로 문자와 발음 익히기   **100**
- ✓ 3. 주방에 관련된 단어로 문자와 발음 익히기   **105**
- ✓ 4. 스포츠와 취미 단어로 문자와 발음 익히기   **110**
- ✓ 5. 가족에 관련된 단어로 문자와 발음 익히기   **114**

집안에서 쓰이는 단어로 문자와 발음 익히기

① ベッド 침대 ② ほん 책 ③ いす 의자 ④ とけい 시계
⑤ つくえ 책상 ⑥ スタンド 스탠드 ⑦ ペン 펜 ⑧ えんぴつ 연필
⑨ ピアノ 피아노 ⑩ ソファー 소파 ⑪ テーブル 테이블 ⑫ テレビ 텔레비전
⑬ まど 창문 ⑭ たんす 옷장 ⑮ コンピューター 컴퓨터 ⑯ カーテン 커튼
⑰ ラジオ 라디오 ⑱ オーディオ 오디오 ⑲ ストーブ 스토브

♣ 그림을 보고 맞는 단어를 넣어보세요.

⑬ ま
⑥ ス
⑨ ピ
⑮ コ
① ベ
⑤ つ
② ほ
⑰ ラ
③ い
⑫ テ
⑦ ペ
⑲ ス
⑪ テ
⑱ オ
⑩ ソ

1  ベッド 침대

| ベ | ッ | ド |
| 벳 | | 도 |

2  ほん 책

| ほ | ん |
| | 홍 |

3  いす 의자

| い | す |
| 이 | 스 |

4  とけい 시계

| と | け | い |
| 토 | 께 | ― |

5  つくえ 책상

| つ | く | え |
| 쓰 | 꾸 | 에 |

6  スタンド 스탠드

| ス | タ | ン | ド |
| 스 | | 딴 | 도 |

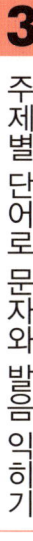

PART **3** 주제별 단어로 문자와 발음 익히기

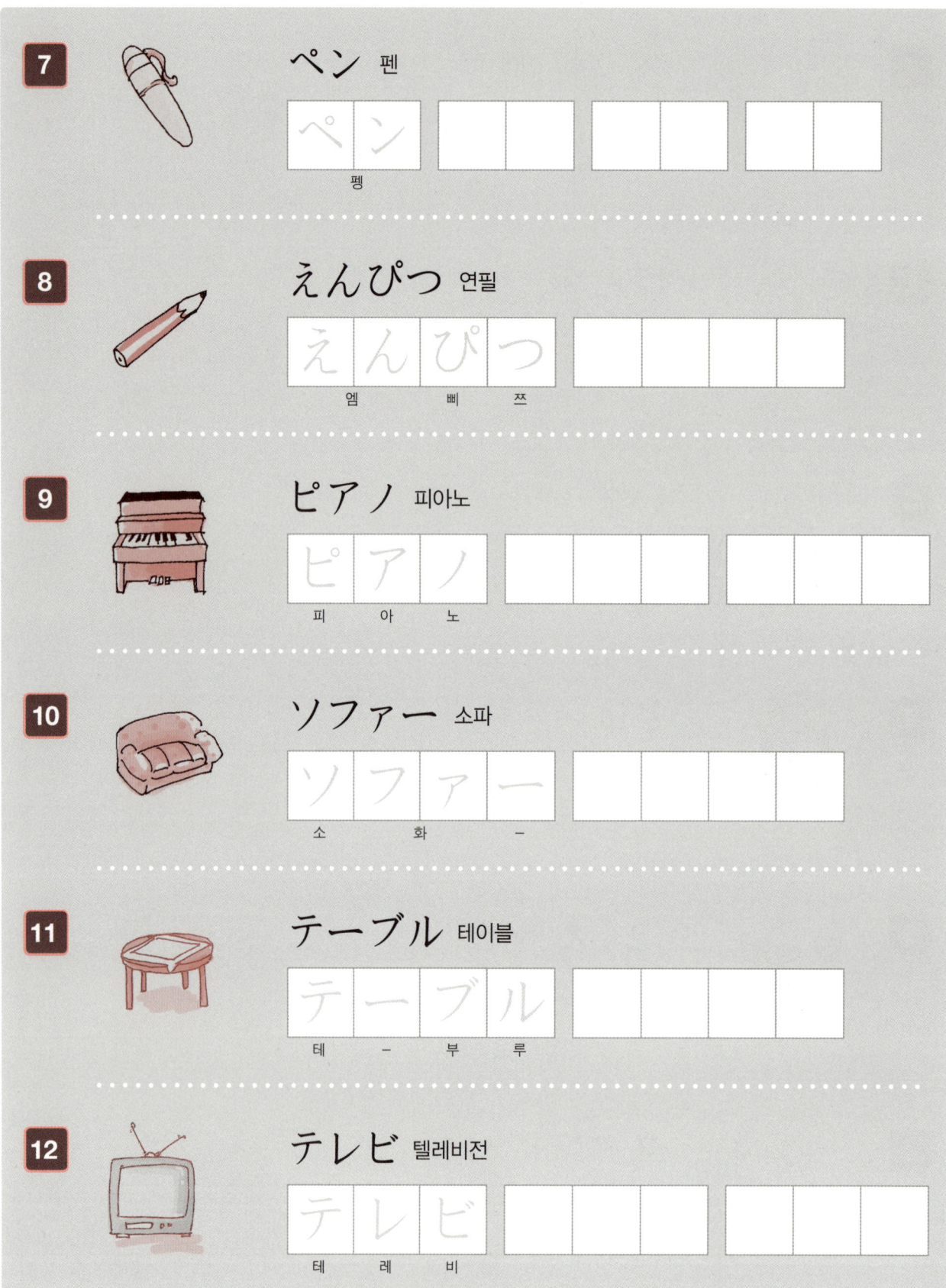

13 まど 창문

ま	ど						
마	도						

14 たんす 옷장

た	ん	す						
탄		스						

15 コンピューター 컴퓨터

コ	ン	ピ	ュ	ー	タ	ー
콤		쀼		-	따	-

16 カーテン 커튼

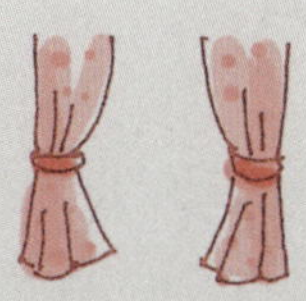

カ	ー	テ	ン				
카	-	뗑					

17 ラジオ 라디오

ラ	ジ	オ						
라	지	오						

18 オーディオ 오디오

オ	ー	デ	ィ	オ
오	-	디		오

2 의복에 관련된 단어로 문자와 발음 익히기

단어 미리보기

① ヘアバンド 헤어밴드 ② ベルト 벨트 ③ ブラシ 브러시 ④ ふく 옷
⑤ コート 코트 ⑥ ドレス 드레스 ⑦ てぶくろ 장갑 ⑧ ぼうし 모자
⑨ ほうせき 보석 ⑩ シャツ 셔츠 ⑪ スカート 스커트 ⑫ チョッキ 조끼
⑬ ブーツ 부츠 ⑭ やきゅうぼうし 야구모자 ⑮ ハンカチ 손수건 ⑯ ネックレス 목걸이
⑰ はきもの 신발 ⑱ くつした 양말 ⑲ せびろ 양복 ⑳ セーター 스웨터
㉑ ネクタイ 넥타이 ㉒ ズボン 바지

♣ 그림을 보고 맞는 단어를 넣어보세요.

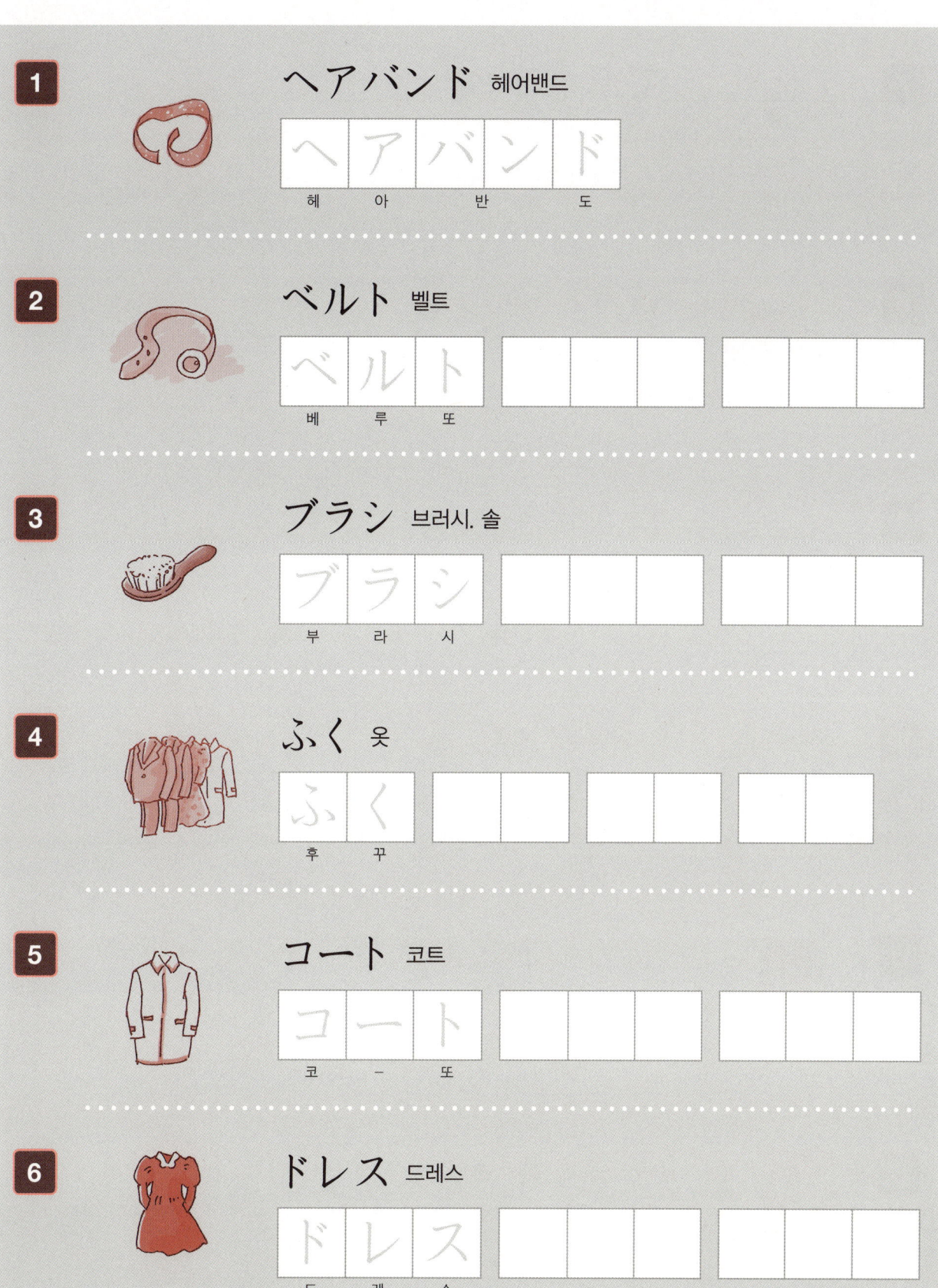

1. ヘアバンド 헤어밴드
   ヘ　ア　バン　ド
   헤　아　반　도

2. ベルト 벨트
   ベ　ル　ト
   베　루　또

3. ブラシ 브러시, 솔
   ブ　ラ　シ
   부　라　시

4. ふく 옷
   ふ　く
   후　꾸

5. コート 코트
   コ　ー　ト
   코　－　또

6. ドレス 드레스
   ド　レ　ス
   도　레　스

PART 3

주제별 단어로 문자와 발음 익히기

7. てぶくろ 장갑
| て | ぶ | く | ろ |
테　부　꾸　로

8. ぼうし 모자
| ぼ | う | し |
보　-　시

9. ほうせき 보석
| ほ | う | せ | き |
호　-　세　끼

10. シャツ 셔츠
| シ | ャ | ツ |
샤　　쯔

11. スカート 스커트
| ス | カ | ー | ト |
스　까　-　또

12. チョッキ 조끼
| チ | ョ | ッ | キ |
　촉　　끼

13 ブーツ 부츠

ブ	ー	ツ
부	-	쯔

14 やきゅうぼうし 야구모자

や	き	ゅ	う	ぼ	う	し
야	뀨		-	보	-	시

15 ハンカチ 손수건

ハ	ン	カ	チ
항		까	치

16 ネックレス 목걸이

ネ	ッ	ク	レ	ス
넥		꾸	레	스

17 はきもの 신발

は	き	も	の
하	끼	모	노

18 くつした 양말

く	つ	し	た
쿠	쯔	시	따

PART 3 주제별 단어로 문자와 발음 익히기

19 せびろ 양복

せびろ
세 비 로

20 セーター 스웨터

セーター
세 - 따 -

21 ネクタイ 넥타이

ネクタイ
네 꾸 따 이

22 ズボン 바지

ズボン
즈 봉

3 주방에 관련된 단어로 문자와 발음 익히기

단어 미리보기

① ぎゅうにく 쇠고기　② ケーキ 케이크　③ チーズ 치즈　④ チキン 치킨
⑤ さら 접시　⑥ くだもの 과일　⑦ グラス 유리잔　⑧ アイスクリーム 아이스크림
⑨ ぎゅうにゅう 우유　⑩ パイ 파이　⑪ ごはん 밥　⑫ さじ 숟가락
⑬ ビール 맥주　⑭ コーヒー 커피　⑮ コップ 컵　⑯ フォーク 포크
⑰ ジュース 주스　⑱ ナイフ 나이프　⑲ こうちゃ 홍차　⑳ やさい 채소
㉑ みず 물　㉒ ワイン 와인

♣ 그림을 보고 맞는 단어를 넣어보세요.

PART 3 주제별 단어로 문자와 발음 익히기

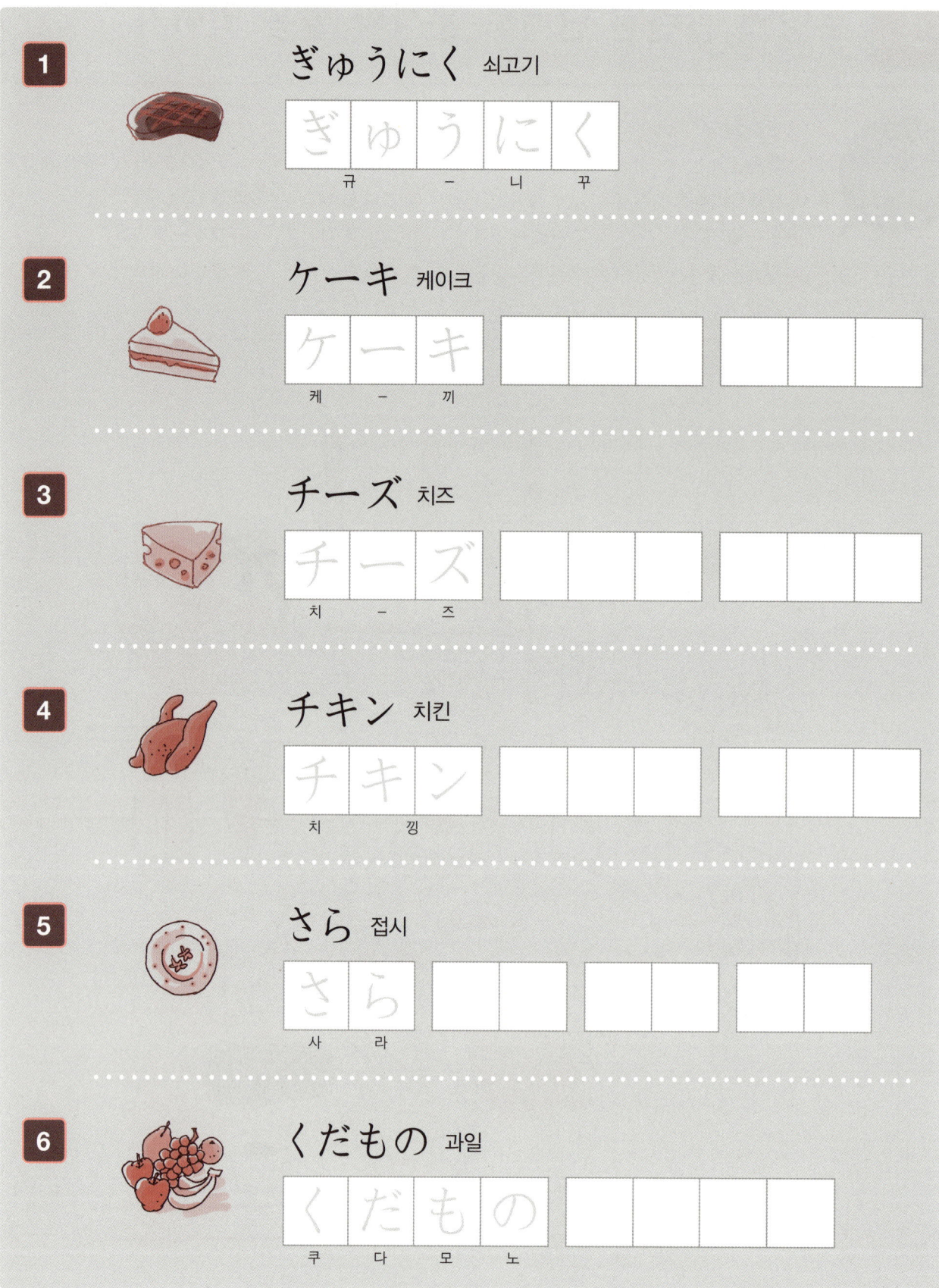

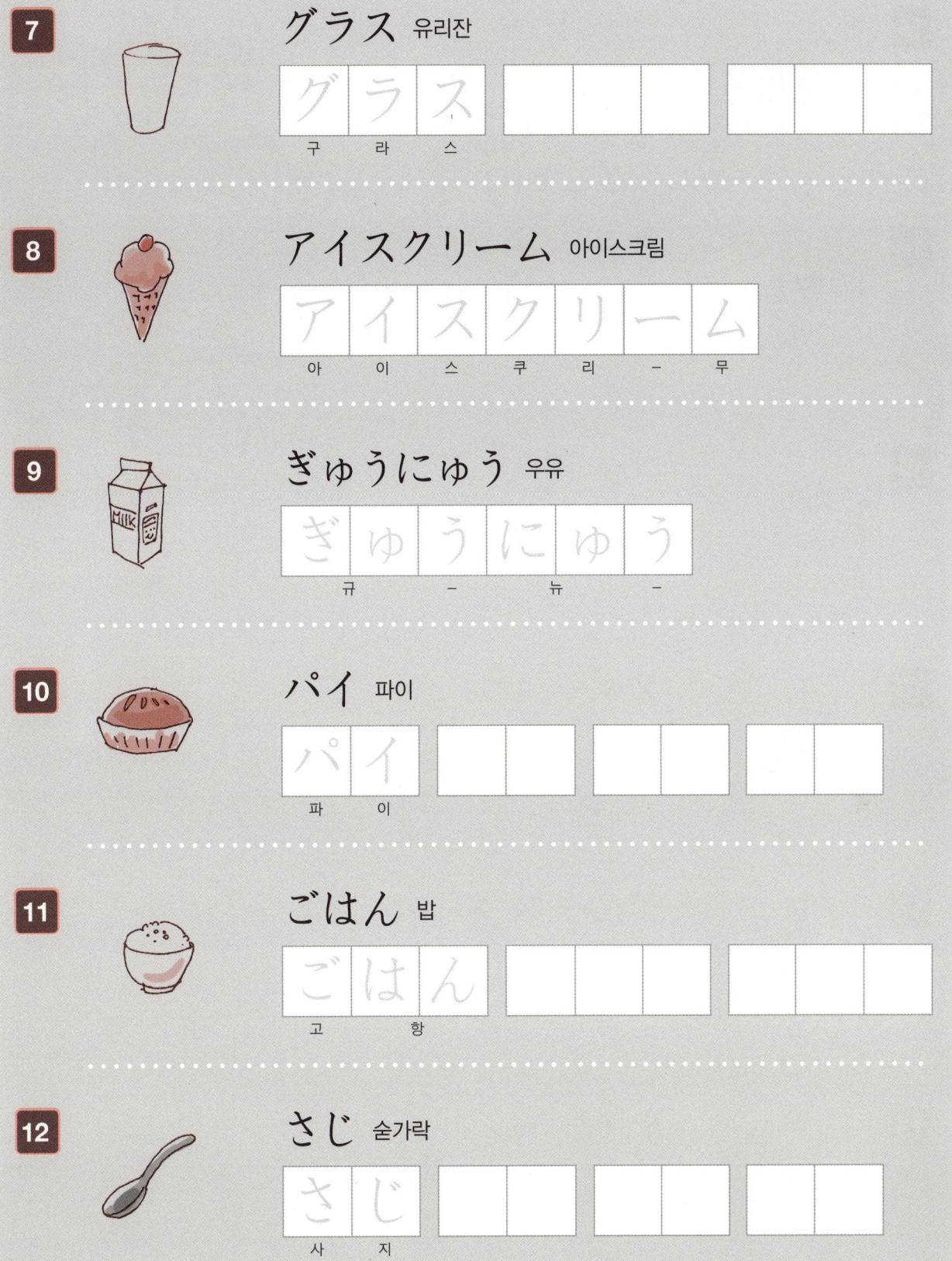

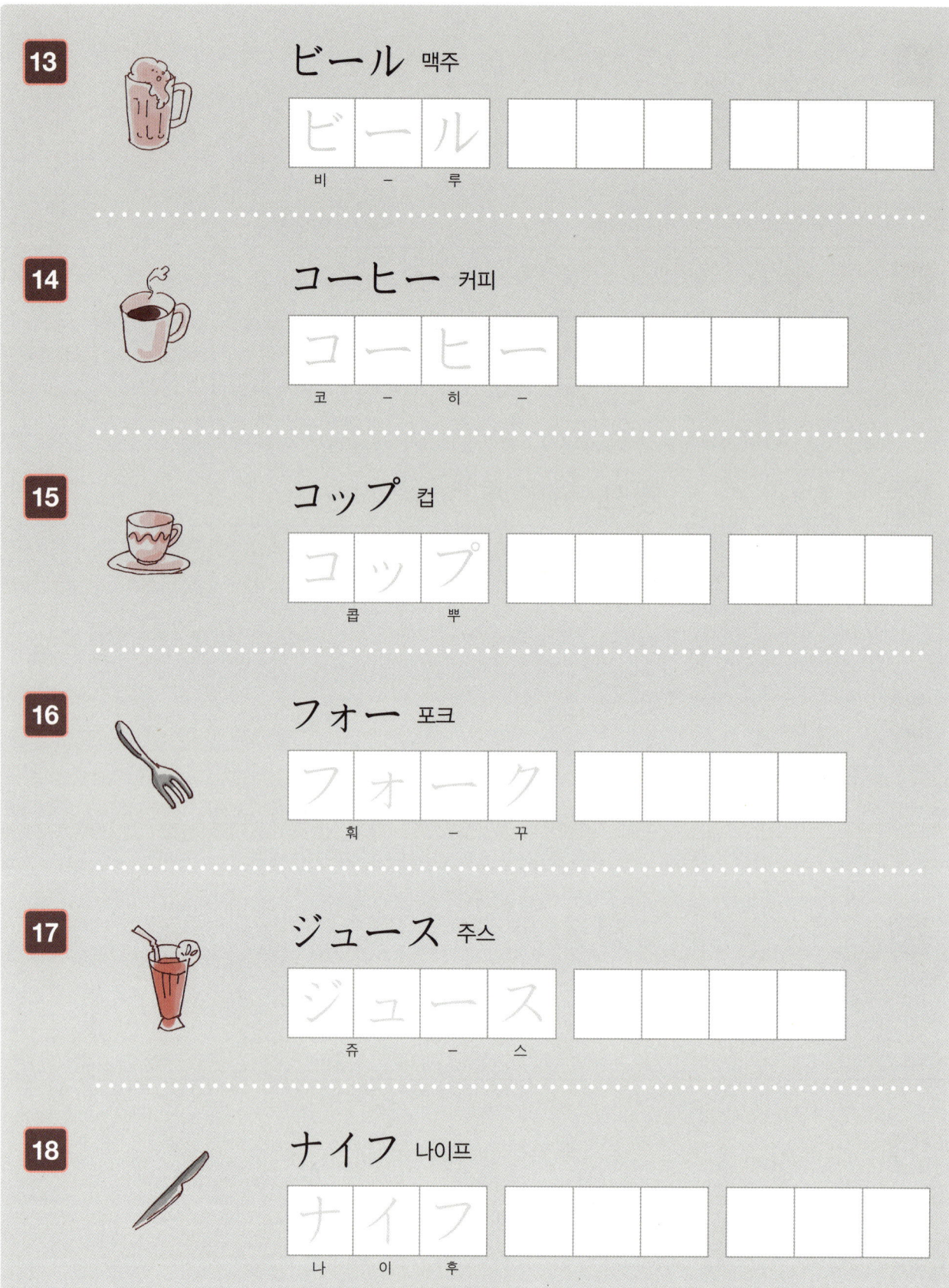

13 ビール 맥주
ビール / 비-루

14 コーヒー 커피
コーヒー / 코-히-

15 コップ 컵
コップ / 콥뿌

16 フォーク 포크
フォーク / 훠-꾸

17 ジュース 주스
ジュース / 쥬-스

18 ナイフ 나이프
ナイフ / 나이후

19 こうちゃ 홍차
こうちゃ
코 - 쨔

20 やさい 채소
やさい
야 사 이

21 みず 물
みず
미 즈

22 ワイン 포도주
ワイン
와 잉

4 스포츠와 취미 단어로 문자와 발음 익히기

① やきゅう 야구　② バスケットボール 농구　③ りょうり 요리　④ つり 낚시
⑤ すもう 스모　⑥ ゴルフ 골프　⑦ マラソン 마라톤　⑧ どくしょ 독서
⑨ サッカー 축구　⑩ サーフィン 서핑　⑪ テニス 테니스　⑫ ボール 공
⑬ サイクリング 사이클링　⑭ スキューバダイビング 스쿠버다이빙
⑮ すいえい 수영　⑯ バレーボール 배구　⑰ レスリング 레슬링

♣ 그림을 보고 맞는 단어를 넣어보세요.

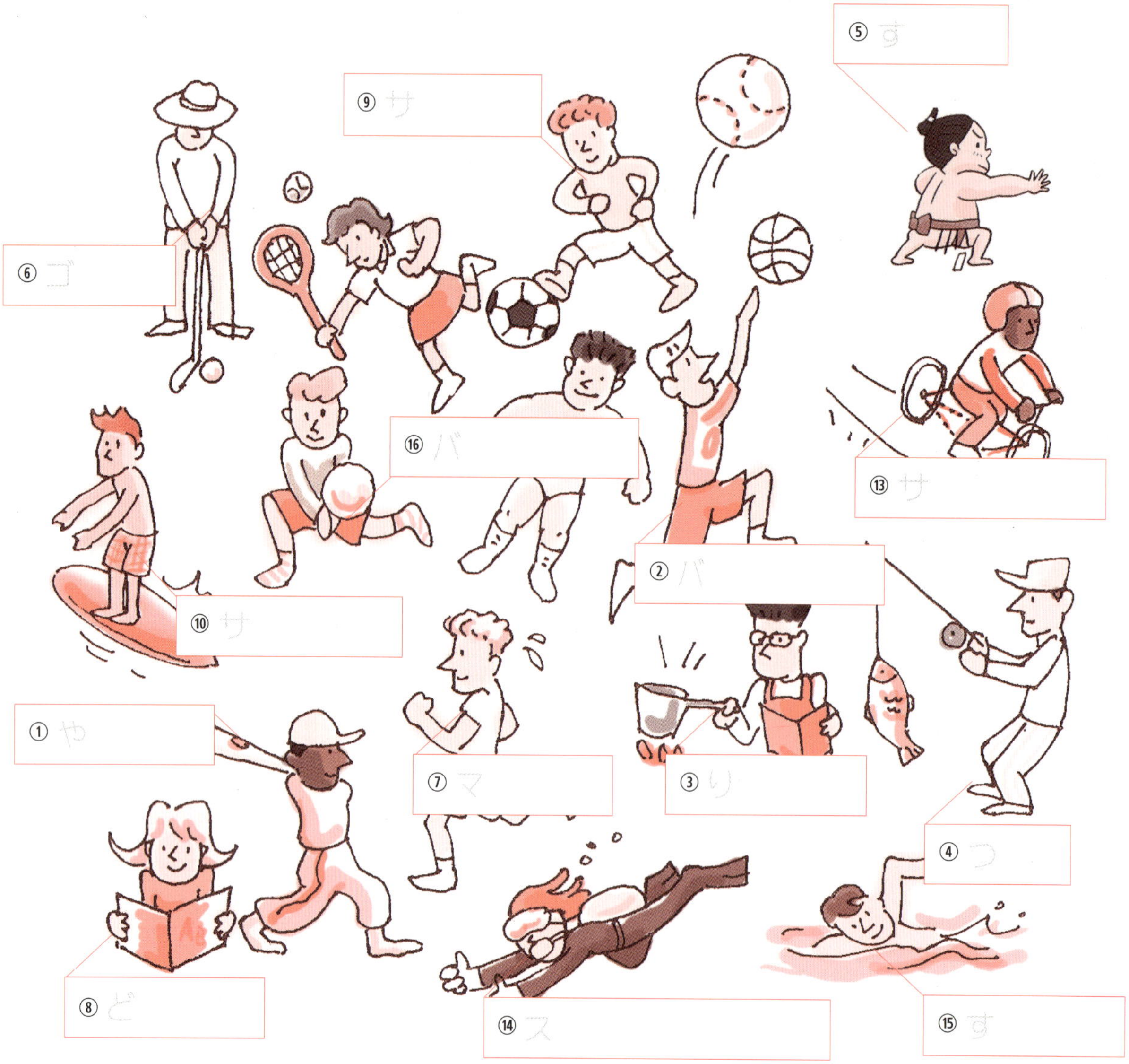

⑤ す
⑨ サ
⑥ ゴ
⑯ バ
⑩ サ
⑬ サ
② バ
① や
⑦ マ
③ り
④ つ
⑧ ど
⑭ ス
⑮ す

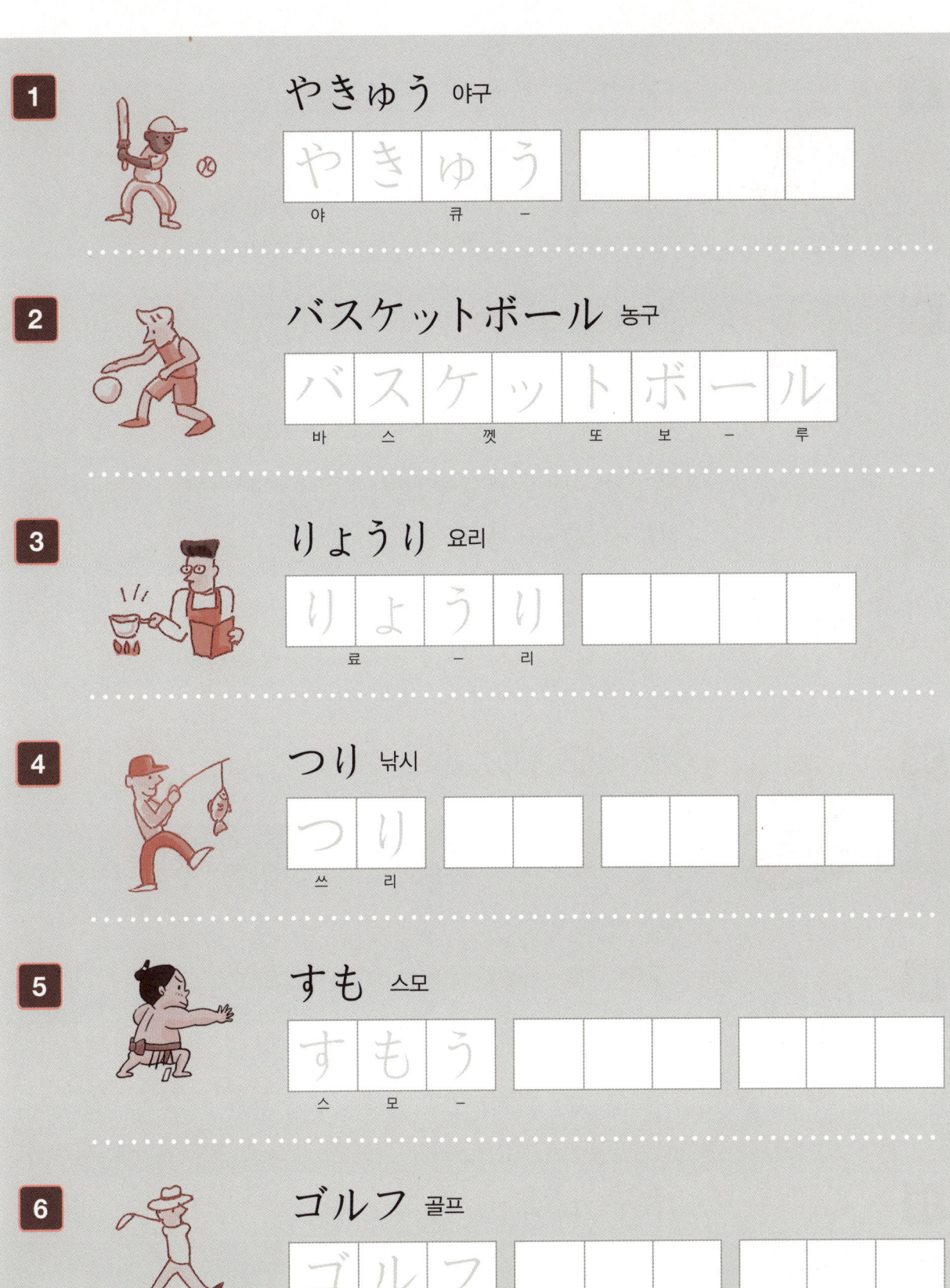

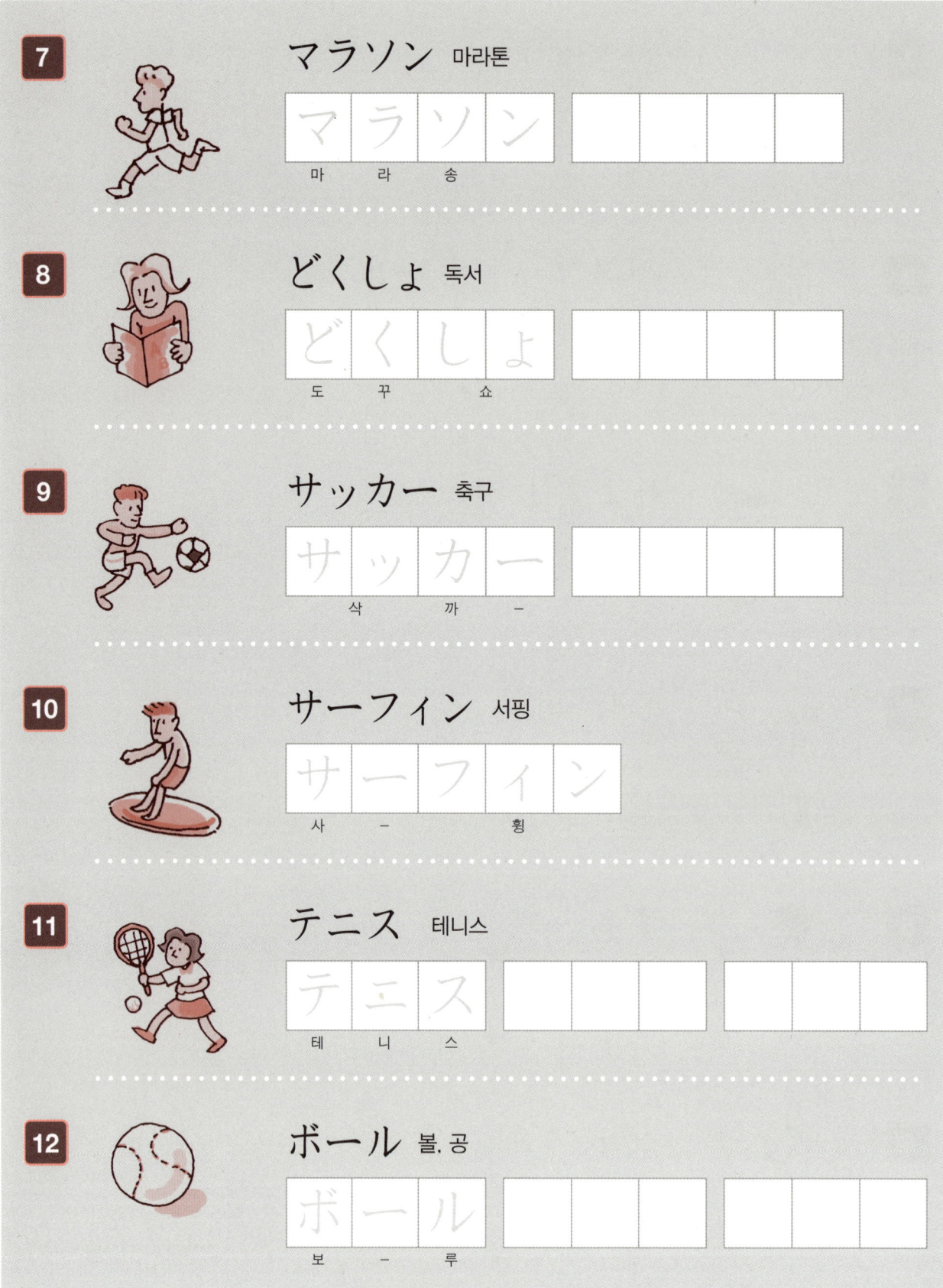

7 マラソン 마라톤
マラソン
마 라 송

8 どくしょ 독서
どくしょ
도 꾸 쇼

9 サッカー 축구
サッカー
삭 까 -

10 サーフィン 서핑
サーフィン
사 - 휭

11 テニス 테니스
テニス
테 니 스

12 ボール 볼.공
ボール
보 - 루

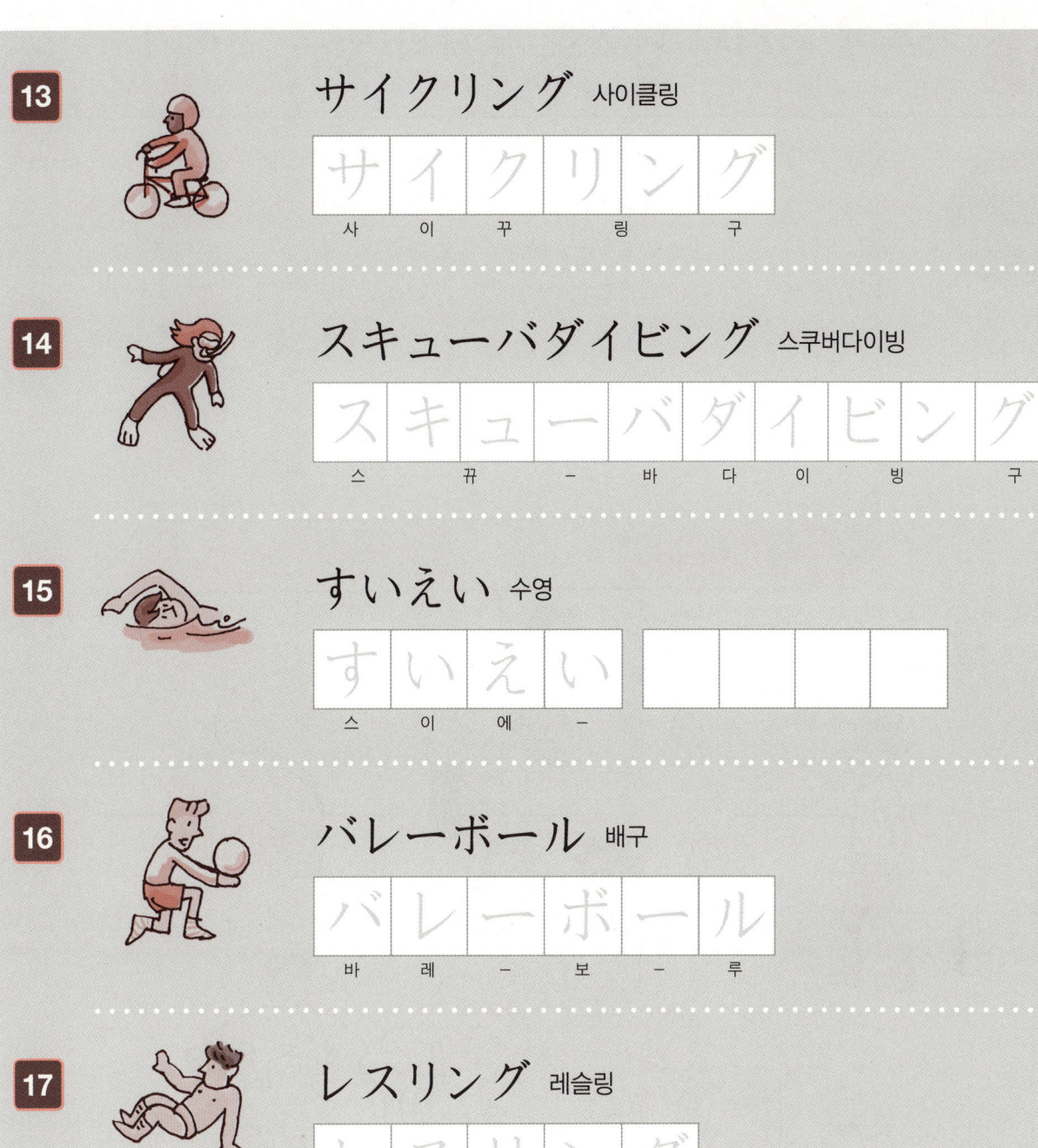

5 가족에 관련된 단어로 문자와 발음 익히기

단어 미리보기

① **とり** 새
② **あに** 형
③ **ねこ** 고양이
④ **あかちゃん** 아기
⑤ **いぬ** 개
⑥ **ちち** 아버지
⑦ **そぼ** 할머니
⑧ **おっと** 남편
⑨ **はは** 어머니
⑩ **いもうと** (여)동생
⑪ **おじ** 아저씨
⑫ **つま** 아내
⑬ **おば** 아주머니
⑭ **こども** 어린이
⑮ **いとこ** 사촌
⑯ **むすめ** 딸
⑰ **そふ** 할아버지
⑱ **おい** 조카
⑲ **めい** 조카딸
⑳ **むすこ** 아들

♣ 그림을 보고 맞는 단어를 넣어보세요.

① と
⑭ こ
⑮ い
⑯ む
⑦ そ
⑥ ち
⑪ お
④ あ
⑲ め
⑨ は
③ ね
⑬ お
⑰ そ
⑩ い

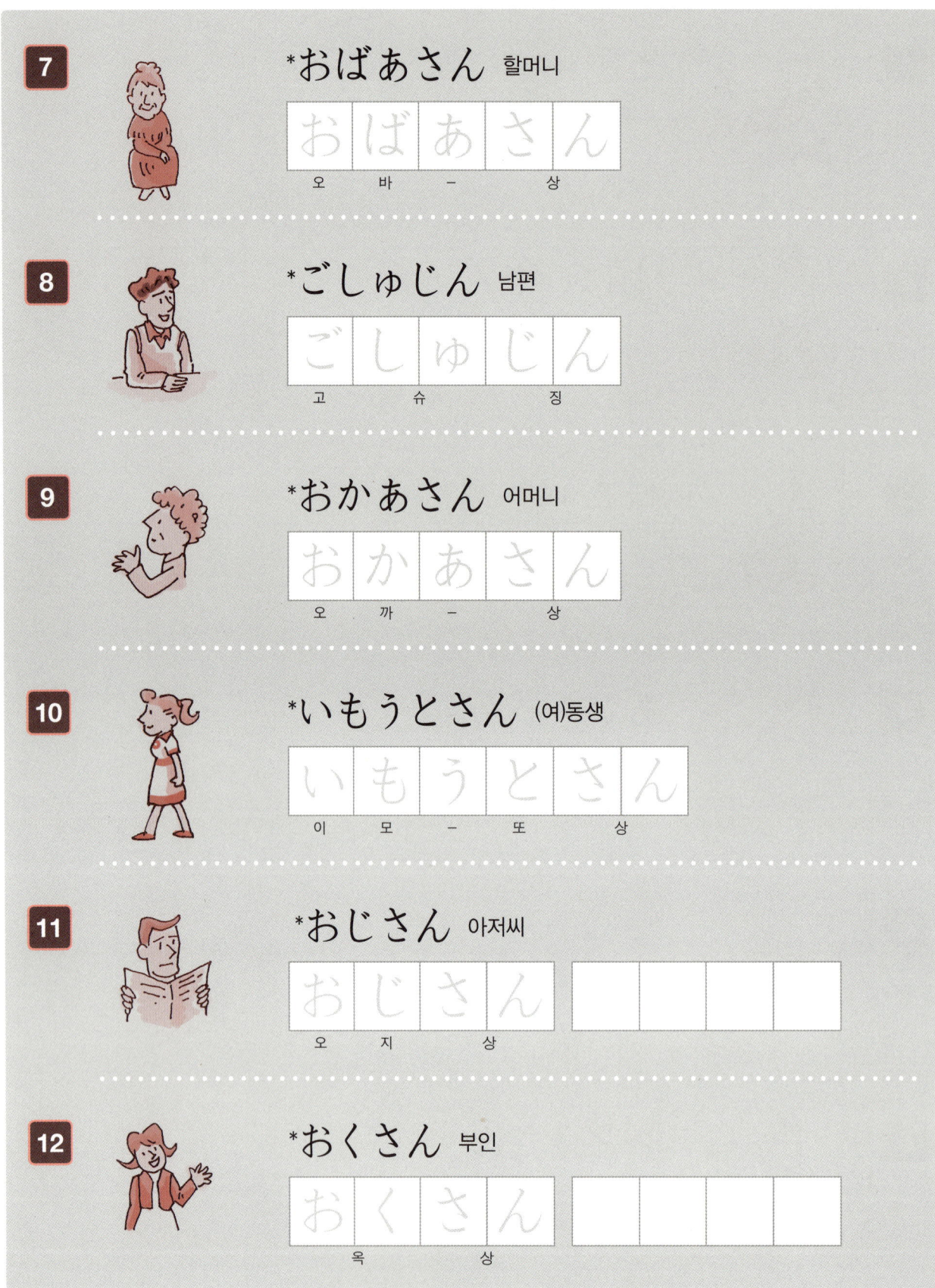

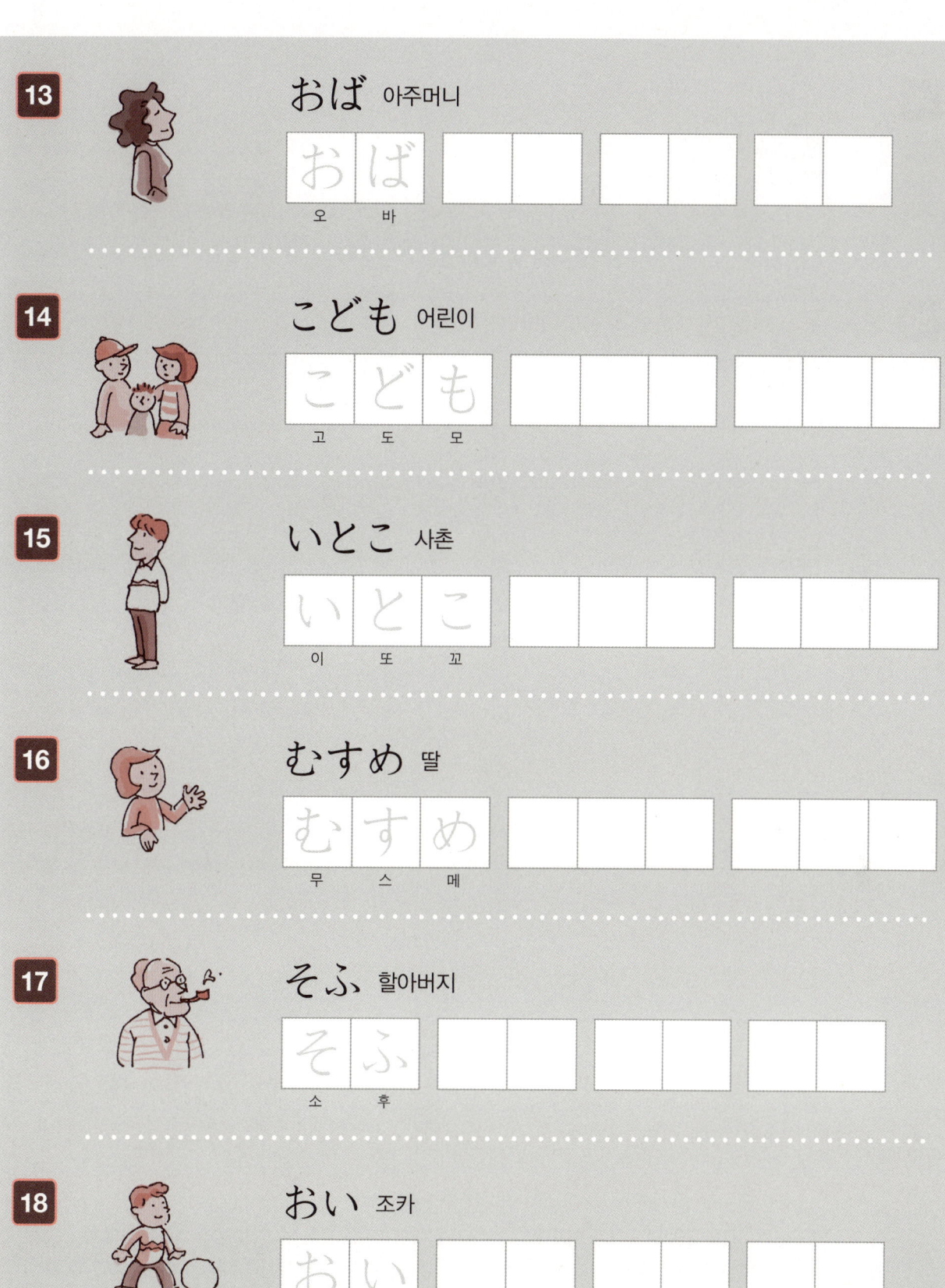

13 おば 아주머니
おば
오 바

14 こども 어린이
こども
고 도 모

15 いとこ 사촌
いとこ
이 또 꼬

16 むすめ 딸
むすめ
무 스 메

17 そふ 할아버지
そふ
소 후

18 おい 조카
おい
오 이

PART **3** 주제별 단어로 문자와 발음 익히기

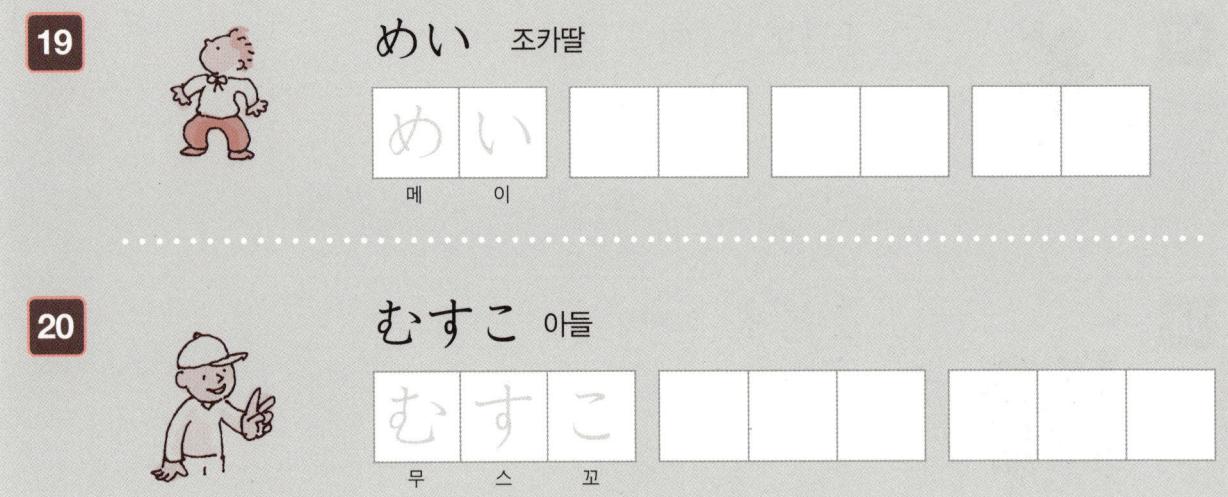

19 めい 조카딸

| め | い | | | | | | |
| 메 | 이 | | | | | | |

20 むすこ 아들

| む | す | こ | | | | | | |
| 무 | 스 | 꼬 | | | | | | |

> 단어 앞 (*)는 남의 가족을 말할 때 쓰인다. 이처럼 일본어에서는 나의 가족을 말할 때와 상대방의 가족을 말할 때 존칭을 나타내는 접미어나 접두어를 붙여 말하며, 가족간에 부를 때는 연장이면 물론 높혀서 말한다. 여기서 **13**번 이하는 **17. おじいさん**(할아버지) 이외에 남의 가족을 말할 때는 단어 뒤에 **さん**을 붙이면 된다.

PART 4

기본회화로 문자와 발음 익히기

- ✔ 1. 일상적으로 만났을 때 **120**
- ✔ 2. 외출하거나 집에 돌아왔을 때 **122**
- ✔ 3. 고마움을 표시할 때 **124**
- ✔ 4. 미안함을 나타낼 때 **126**
- ✔ 5. 오랜만에 만났을 때 **128**
- ✔ 6. 헤어질 때 **130**
- ✔ 7. 안부를 물을 때 **132**
- ✔ 8. 안부를 전할 때 **134**
- ✔ 9. 처음 만났을 때 **136**
- ✔ 10. 방문할 때 **138**
- ✔ 11. 식사를 할 때 **140**
- ✔ 12. 축하와 환영을 할 때 **142**

1 일상적으로 만났을 때

아침에 일어나서 점심때까지는 **おはようございます**라고 하며, 친구나 아랫사람이라면 **おはよう**라고 해도 됩니다. 또, 낮부터 저녁때까지는 **こんにちは**라고 하며, 해가 지고 어두워지면 **こんばんは**라고 인사를 나눕니다. **こんにちは**와 **こんばんは**는 더 정중한 말이 없으므로 손윗사람이나 손아랫사람에게 모두 쓸 수 있으며, 여기서 **は**(하)는 '**와**'로 발음한다는 점에 주의합시다.

 안녕하세요.〈아침인사〉

おはよう ございます。

おはよう ございます。

오하요- 고자이마스

안녕.

おはよう。

おはよう。

오하요-

안녕하세요. 〈낮인사〉

こんにちは。

こんにちは。

곤니찌와

안녕하세요. 〈저녁인사〉

こんばんは。

こんばんは。

곰방와

대화 표현

A : キムラさん、こんにちは。
　　키무라상　　　　곤니찌와

B : ああ、ホンさん、こんにちは。おでかけですか。
　　아-　　혼상　　　　곤니찌와　　　　오데카께데스까

A : 기무라 씨, 안녕하세요?
B : 아, 홍씨, 안녕하세요? 외출하십니까?

PART 4

기본회화로 문자와 발음 익히기

2 외출하거나 집에 돌아왔을 때

いっていらっしゃい。
다녀오렴.

いってまいります。
다녀올게요.

아침에 출근하거나 등교할 때, 또는 외출할 때 상대에게 하는 인사로 **いっていらっしゃい**라고 하면, 상대는 **いってまいります**라고 응답을 하며, 가볍게 말할 때는 **いってきます**(다녀올게요)라고 합니다. 또한 집에 돌아왔을 때는 **ただいま**라고 인사를 하면 안에 있는 사람은 **おかえりなさい**라고 인사를 하며, 손아랫사람에게 친근하게 말하고 싶을 때는 **おかえり**라고 말해도 됩니다.

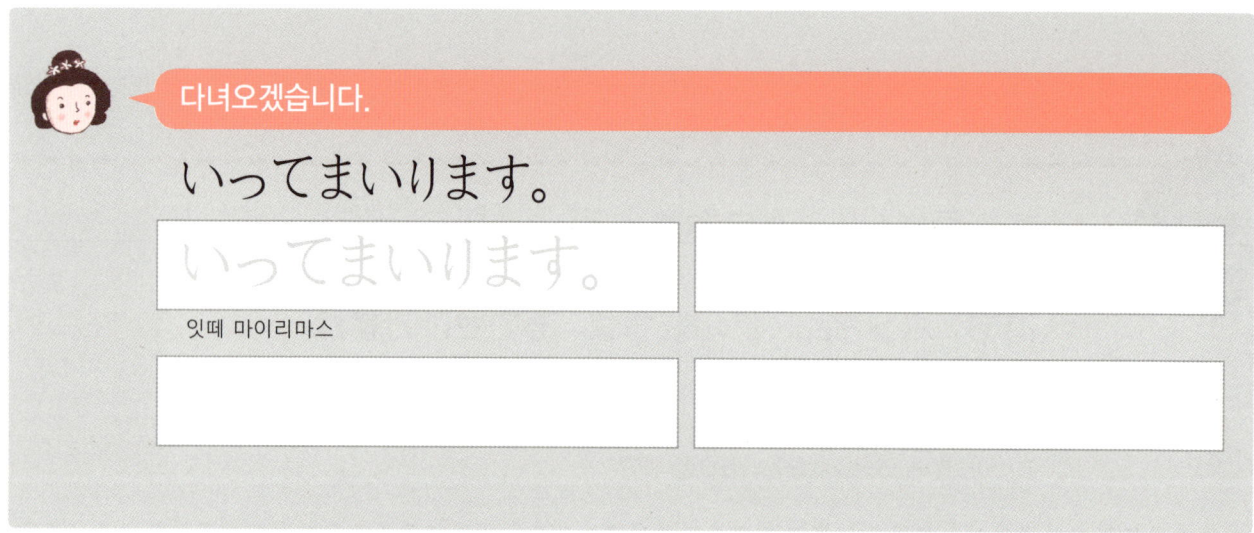

다녀오겠습니다.

いってまいります。

いってまいります。

잇떼 마이리마스

다녀오세요.

いっていらっしゃい。

いっていらっしゃい。

잇떼 이랏샤이

다녀왔습니다.

ただいま。

ただいま。

다다이마

어서 오세요.

おかえりなさい。

おかえりなさい。

오까에리나사이

대화 표현

A : ただいま。 きょう ほんとうに あついね。
　　다다이마　　　쿄— 혼또—니 아쯔이네

B : おかえり。 はやく シャワーを あびてね。
　　오까에리　　　하야꾸 샤와—오 아비떼네

A : 다녀왔어요. 오늘 정말 더워요.
B : 어서 오렴. 빨리 샤워를 하려무나.

PART 4 기본회화로 문자와 발음 익히기

3 고마움을 표시할 때

どういたしまして。
천만에요.

ありがとう ございます。
고맙습니다.

상대가 손아랫사람이나 친근한 사이일 경우에 고마움을 표할 때는 **ありがとう**라고 하며, 가볍게 말할 때는 **どうも**(매우, 무척)만으로도 가능합니다. 물론 정중하게 고마움을 표시할 때는 **ありがとうございます**라고 하며, 이에 대한 응답 표현으로는 **どういたしまして**와 **こちらこそ**(저야말로) 등이 있습니다.

 고맙습니다.

ありがとう ございます。

ありがとう ございます。

아리가또- 고자이마스

천만에요.

どういたしまして。

どういたしまして。

도- 이따시마시테

 무척 고마워요.

どうも ありがとう。

どうも ありがとう。

도-모 아리가또-

 여러모로 고마웠습니다.

いろいろと ありがとう ございました。

いろいろと ありがとう ございました。

이로이로또 아리가또- 고자이마시타

A : こんどは いろいろと ありがとう ございました。
콘도와 이로이로또 아리가또- 고자이마시타

B : いいえ、どういたしまして。
이-에   도-이따시마시테

A : 이번에는 여러모로 고마웠습니다.

B : 아뇨, 천만에요.

PART 4

기본회화로 문자와 발음 익히기

4 미안함을 나타낼 때

いいんですよ。
괜찮아요.

どうも すみません。
정말 죄송합니다.

すみません은 자신의 잘못이나 실수를 가볍게 사과를 할 때 쓰이는 인사 표현으로 발음을 줄여서 간편하게 **すいません**이라고도 하며, 남자들 사이에서는 거칠게 **すまん**이라고도 합니다. 또한 가볍게 말할 때는 **どうも**(매우, 무척)만으로도 가능합니다. 이에 대한 응답은 보통 **だいじょうぶです**, **いいんですよ**(괜찮아요)라고 하면 됩니다.

미안합니다.

すみません。

すみません。
스미마셍

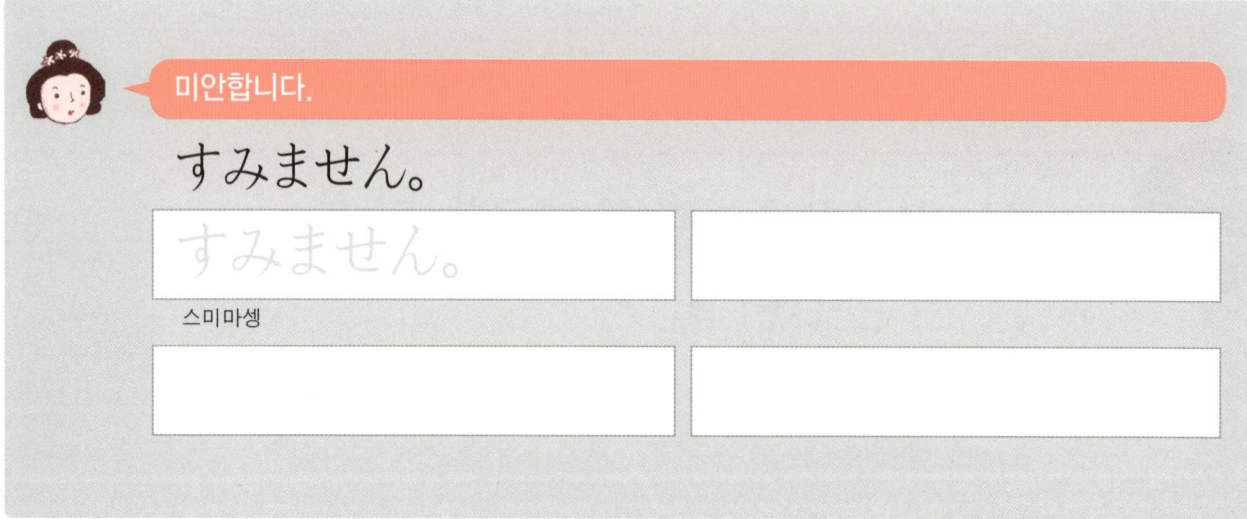

괜찮습니다.

だいじょうぶです。

だいじょうぶです。

다이죠-부데스

 대단히 죄송했습니다.

どうも すみませんでした。

どうも すみませんでした。

도-모 스미마센데시타

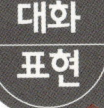 괜찮아요.

いいんですよ。

いいんですよ。

이인데스요

대화 표현

A : あっ、ごめんなさい。だいじょうぶですか。
   앗   고멘나사이   다이죠-부데스까

B : ええ、わたしは だいじょうぶです。
   에-   와따시와 다이죠-부데스

A : 앗, 미안해요. 괜찮습니까?
B : 예, 저는 괜찮습니다.

PART 4

기본회화로 문자와 발음 익히기

5 오랜만에 만났을 때

やあ、ひさしぶりだね。
야, 오랜만이야.

おひさしぶりですね。
오랜만이군요.

しばらく는 「잠시, 잠깐」의 뜻과 「얼마 동안, 한참 동안」을 뜻하는 부사어로, 단독으로 쓰일 때는 「오래간만」이라는 인사말로 쓰입니다. 정중하게 표현할 때는 **しばらくですね**라고 하면 됩니다. **ひさしぶり**도 **しばらく**와 마찬가지로 오랜만에 만났을 때 쓰이는 인사말로 **しばらく**보다는 다소 오랫동안 만나지 못했을 때 쓰입니다.

 야, 오랜만이야.

やあ、ひさしぶりだね。

やあ、ひさしぶりだね。

야-　　　히사시부리다네

오랫만이군요.

おひさしぶりですね。

おひさしぶりですね。

오히사시부리데스네

오래간만입니다.

しばらくでした。

しばらくでした。

시바라꾸데시타

격조했습니다.

ごぶさたいたしました。

ごぶさたいたしました。

고부사따 이따시마시타

대화 표현

A : おかわりありませんでしたか。
오카와리 아리마셍데시타까

B : げんきでした。あなたは どうでしたか。
겡끼데시타　　　　아나따와　　도-데시타까

A : 별고 없으셨습니까?
B : 잘 지냈습니다. 당신은 어떻게 지냈습니까?

PART 4 기본회화로 문자와 발음 익히기

6 헤어질 때

만났다가 밤에 헤어질 때는 **おやすみなさい**를 사용하며, **さようなら**는 아주 헤어지는 느낌을 주므로 가까운 사이나 자주 만나는 사이라면 좀처럼 쓰지 않습니다. 대신 **じゃ, またね** 등이 일상적인 작별 인사로 많이 쓰이며, 어린이들 사이에서는 **バイバイ** 라고 합니다.

또 보자!

またね!

またね!
마따네

그럼 또 보자!
じゃあね！
쟈ー네

안녕히 주무세요.
おやすみなさい。
오야스미나사이

안녕히 가세요(계세요).
さようなら。
사요ー나라

대화 표현

A : さようなら。みなさんにも よろしく。
　　　사요ー나라　　　　미나산니모 요로시꾸

B : じゃ、げんきで さようなら。
　　　쟈　　겡끼데 사요ー나라

　　A : 잘 가. 다들 안부 전해줘.
　　B : 그럼, 안녕히 잘 있어.

PART 4

기본회화로 문자와 발음 익히기

7 안부를 물을 때

おげんきでしたか。
잘 지내셨습니까?

おかげさまで げんきです。
덕분에 잘 지냈습니다.

일본 영화를 통해 익히 들어 알고 있는 **おげんきですか**는 「잘 지내십니까?」의 뜻으로 상대의 안부를 물을 때 주로 쓰이는 인사말입니다. 친한 친구 사이라면 **げんき?**로도 충분하며, 이에 대한 격식 차린 응답 표현으로는 **おかげさまで**와 **あいかわらずです** 등이 있습니다.

잘 지내셨습니까?

おげんきでしたか。

おげんきでしたか。

오겡끼데시타까

덕분에 잘 지냈습니다.

おかげさまで げんきです。

おかげさまで げんきです。

오까게사마데 겡끼데스

별고 없으십니까?

おかわりありませんか。

おかわりありませんか。

오까와리 아리마셍까

여전합니다.

あいかわらずです。

あいかわらずです。

아이까와라즈데스

대화표현

A: やあ、ながいこと あいませんでしたね。おげんきでしたか。
　　　야ー　　나가이코또 아이마셍데시타네　　　　오겡끼데시타까

B: ずっと いそがしかったです。
　　줏또　　이소가시깟따데스

A: 아, 오랫동안 뵙지 못했군요. 잘 지내셨습니까?
B: 줄곧 바빴습니다.

PART **4**

기본회화로 문자와 발음 익히기

8 안부를 전할 때

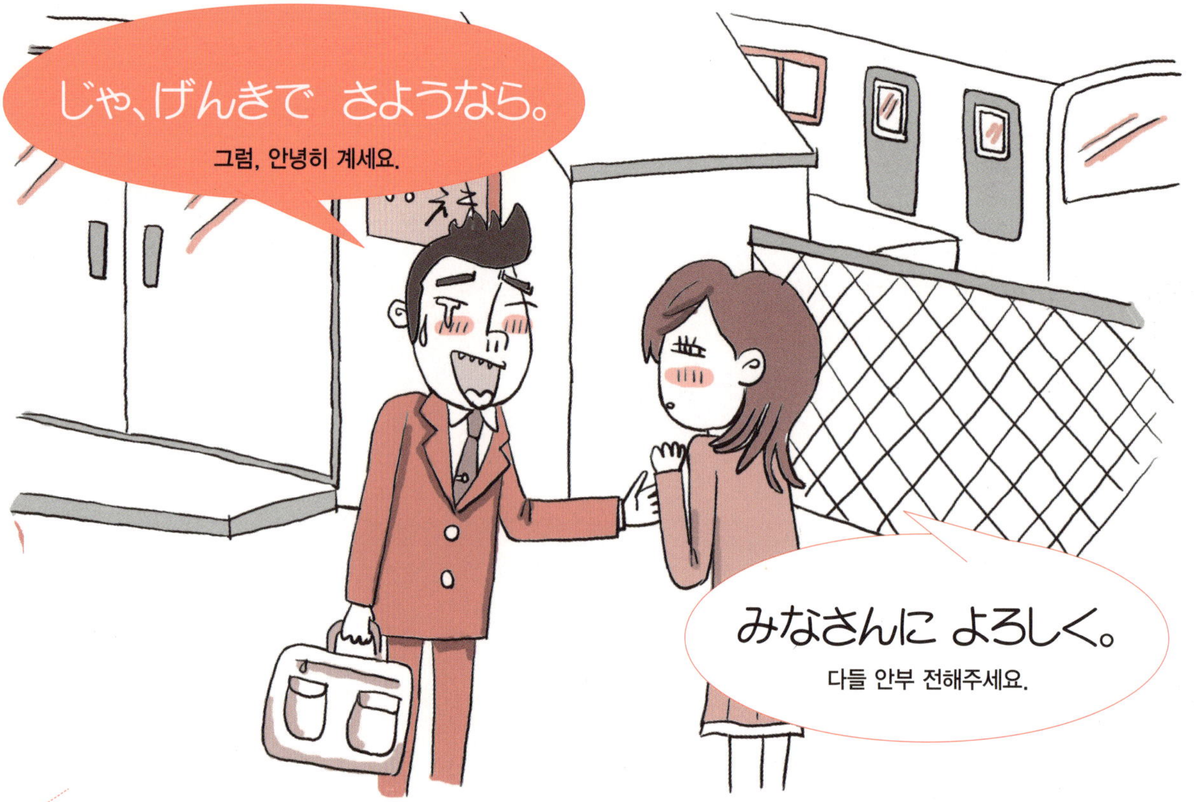

じゃ、げんきで さようなら。
그럼, 안녕히 계세요.
みなさんに よろしく。
다들 안부 전해주세요.

~に よろしく おつたえください(~에게 잘 안부 전해 주십시오)는 헤어지면서 다른 상대의 안부를 전할 때 쓰이는 표현으로 보통 간편하게 줄여서 **~に よろしく**라고 합니다.

모두에게 안부 전해주세요.

みなさんに よろしく。

みなさんに よろしく。

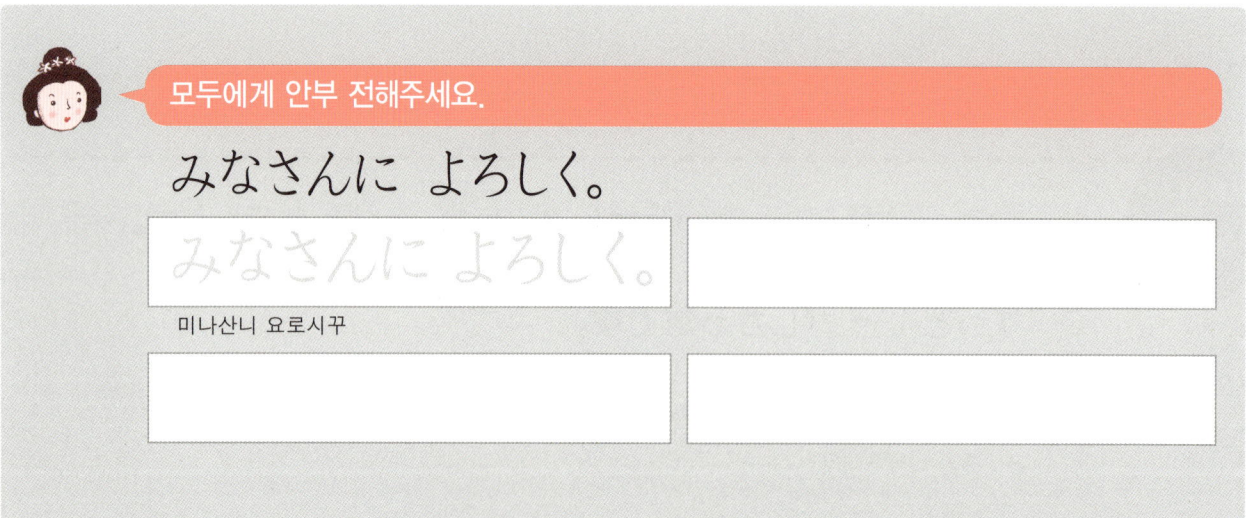

미나산니 요로시꾸

그럼, 안녕히 계세요.

じゃ、げんきで さようなら。

じゃ、げんきで さようなら。

쟈 겡끼데 사요-나라

아버님께 안부 전해 주십시오.

おとうさんに どうぞ よろしく おつたえください。

おとうさんに どうぞ よろしく おつたえください。

오또-산니 도-조 요로시꾸 오쓰따에 구다사이

기무라에게 안부 전해줘.

きむらに よろしく いって おいてね。

きむらに よろしく いって おいてね。

기무라니 요로시꾸 잇떼 오이떼네

대화 표현

A : みおくりにきて くれて、ありがとう。
   미오꾸리니키떼 구레떼   아리가또-

B : さようなら。ごかぞくの みなさまにも よろしく。
   사요-나라   고카조꾸노 미나사마니모 요로시꾸

A : 배웅 나와 줘서 고마워.
B : 잘 가. 가족 모두에게도 안부 전해 줘.

PART 4
기본회화로 문자와 발음 익히기

9 처음 만났을 때

일본인과 처음 만났을 때는 사생활을 자세히 물어보거나 스킨십을 하는 것을 피하는 게 좋습니다. 그것은 악수보다는 고개를 숙여 절을 하는 인사에 익숙하기 때문입니다. 초면 인사로는 **はじめまして**가 있습니다. 이에 상대방도 마찬가지로 자신의 이름을 말하고 특별히 부탁할 것이 없어도 습관적으로 **どうぞ よろしく**라고 합니다.

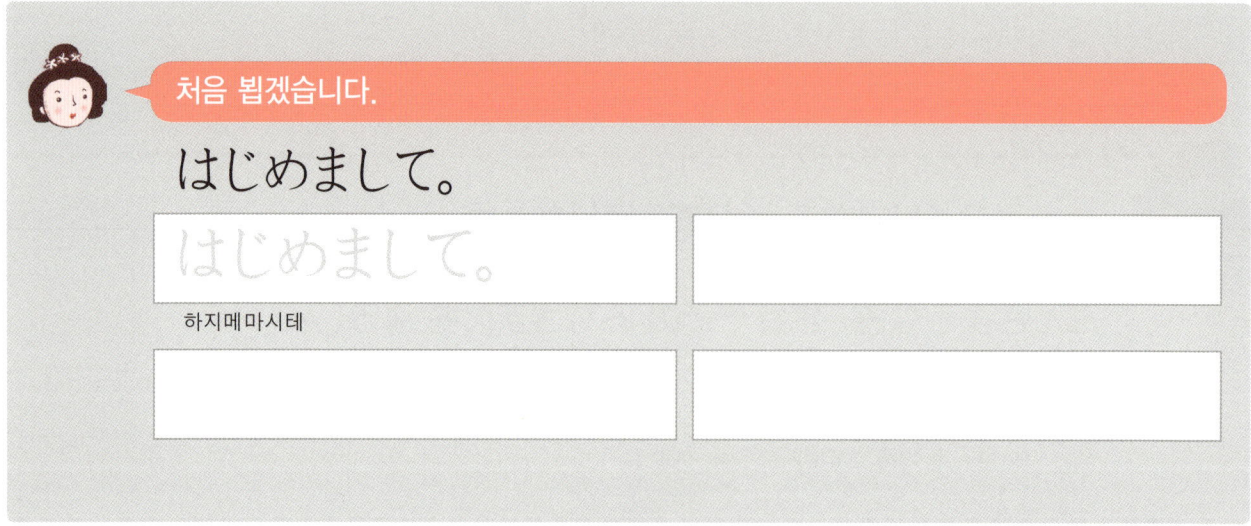

처음 뵙겠습니다. 잘 부탁합니다.

はじめまして。どうぞ よろしく。

はじめまして。どうぞ よろしく。

하지메마시테　　　　　도-조 요로시꾸

잘 부탁드립니다.

どうぞ よろしく おねがいいたします。

どうぞ よろしく おねがいいたします。

도-조 요로시꾸 오네가이이따시마스

뵙게 되어 반갑습니다.

おめにかかれて うれしいです。

おめにかかれて うれしいです。

오메니카까레떼 우레시-데스

대화 표현

A : はじめまして。ホンギルドンです。どうぞ よろしく。
　　하지메마시테　　　홍기루돈데스　　　　　　도-조 요로시꾸

B : おあいできて うれしいです。ヨシダです。
　　오아이데끼테 우레시-데스　　　　　요시다데스

A : 처음 뵙겠습니다. 홍길동입니다. 잘 부탁드립니다.
B : 만나서 반갑습니다. 요시다입니다.

PART 4

기본회화로 문자와 발음 익히기

10 방문할 때

いらっしゃいませ。
어서 오십시오.

ごめんください。
실례합니다.

ごめんください는 본래 사죄를 할 때 쓰이는 말이지만, 남의 집의 현관에서 안에 있는 사람을 부를 때도 쓰입니다. 상대가 집안으로 들어오길 권할 때는 **おじゃまではありませんか**(실례가 되지 않겠습니까?)라고 정중하게 인사를 하고 들어갑시다.

실례합니다.

ごめんください。

ごめんください。
고멘 쿠다사이

어서 오십시오.

いらっしゃいませ。

いらっしゃいませ。
이랏샤이마세

실례하겠습니다.

おじゃまいたします。

おじゃまいたします。
오쟈마이따시마스

잘 오셨습니다.

よく いらっしゃいました。

よく いらっしゃいました。
요꾸 이랏샤이마시다

대화 표현

A : タナカさん、いらっしゃいますか。
　　타나까상　　　　　이랏샤이마스까

B : どうぞ、おはいりください。ようこそ いらっしゃいました。
　　도-조　　오하이리쿠다사이　　　　요-꼬소 이랏샤이마시타

A : 다나카 씨 계십니까?
B : 예, 들어오십시오. 잘 오셨습니다.

11 식사를 할 때

요리가 나오고 식사를 하기 전에 음식을 만든 사람에게 감사의 뜻으로 **いただきます**라고 하며, 식사하기를 권유할 때는 영어의 **please**와 비슷한 **どうぞ**라는 표현을 씁니다. 식사를 다 마쳤을 때는 **ごちそうさまでした**라고 하며, 줄여서 **ごちそうさま**라고도 합니다.

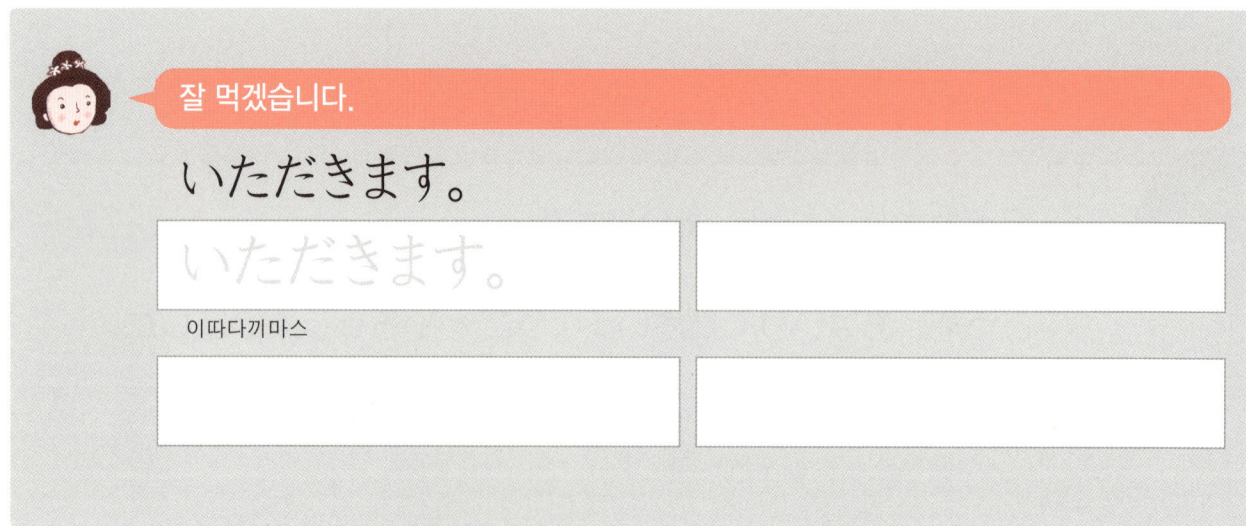

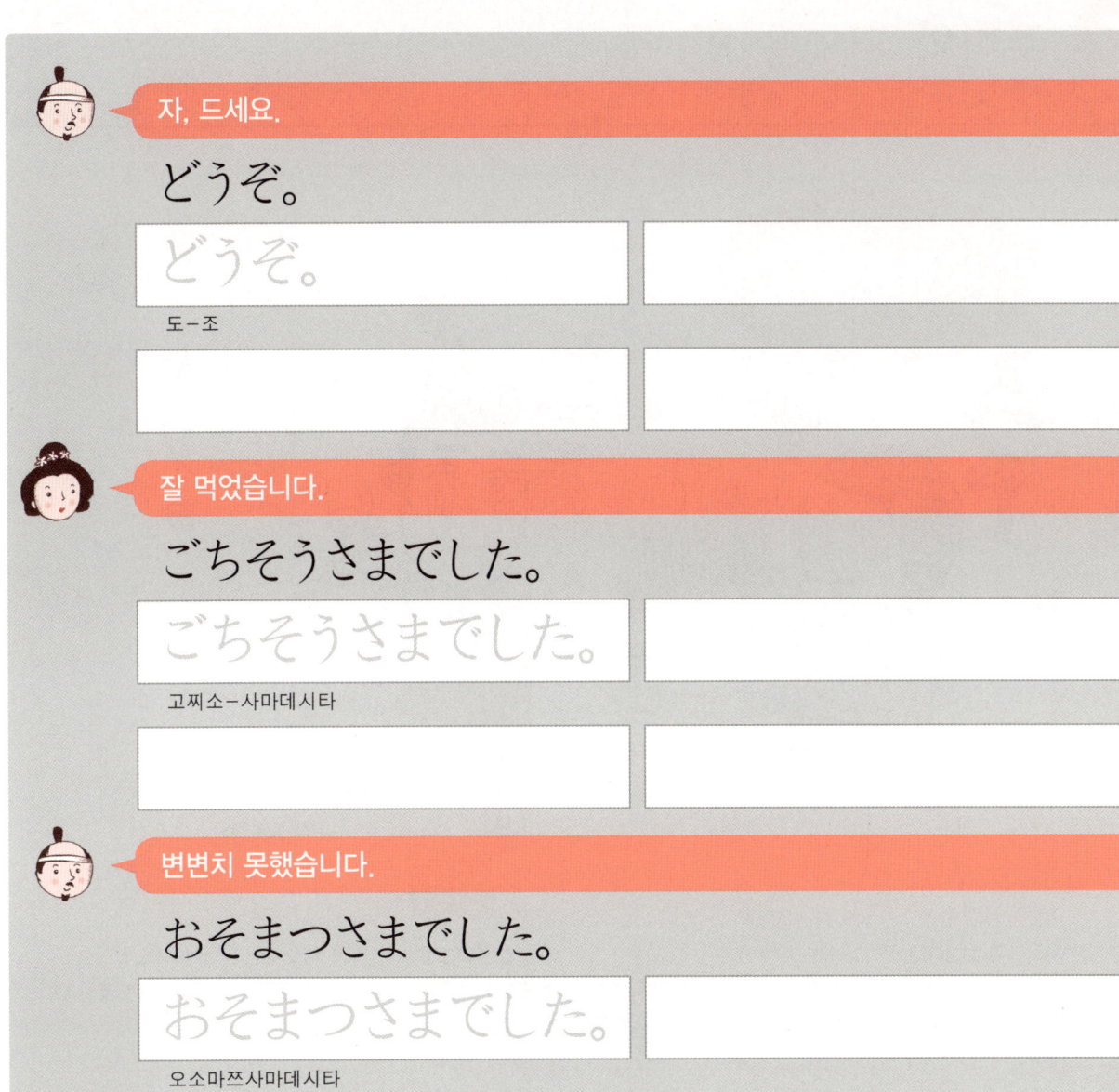

> 자, 드세요.

どうぞ。

どうぞ。
도-조

> 잘 먹었습니다.

ごちそうさまでした。

ごちそうさまでした。
고찌소-사마데시타

> 변변치 못했습니다.

おそまつさまでした。

おそまつさまでした。
오소마쯔사마데시타

대화 표현

A: もう すこし どうぞ。
　　모- 스꼬시 도-조

B: どうも。もう ずいぶん いただきました。
　　도-모　　　　모- 즈이붕 이따다끼마시타

A: 좀 더 드세요.
B: 고맙습니다. 벌써 많이 먹었습니다.

PART 4 기본회화로 문자와 발음 익히기

12 축하와 환영을 할 때

おめでとう。
축하해요.

どうも ありがとう。
무척 고마워요.

친근한 사이라면 **おめでとう**라고 해도 무방하지만, 정중하게 말할 때는 **ございます**를 덧붙여 **おめでとう ございます**라고 해야 하며, 이에 대한 응답으로는 **ありがとう(ございます)**나 **おかげさまで**로 하면 됩니다. 또한 방문자를 환영할 때는 **よく いらっしゃいました**나 **おいでくださいました**를 생략하여 **ようこそ**만으로도 쓰입니다.

축하해요.

おめでとう。

おめでとう。
오메데또-

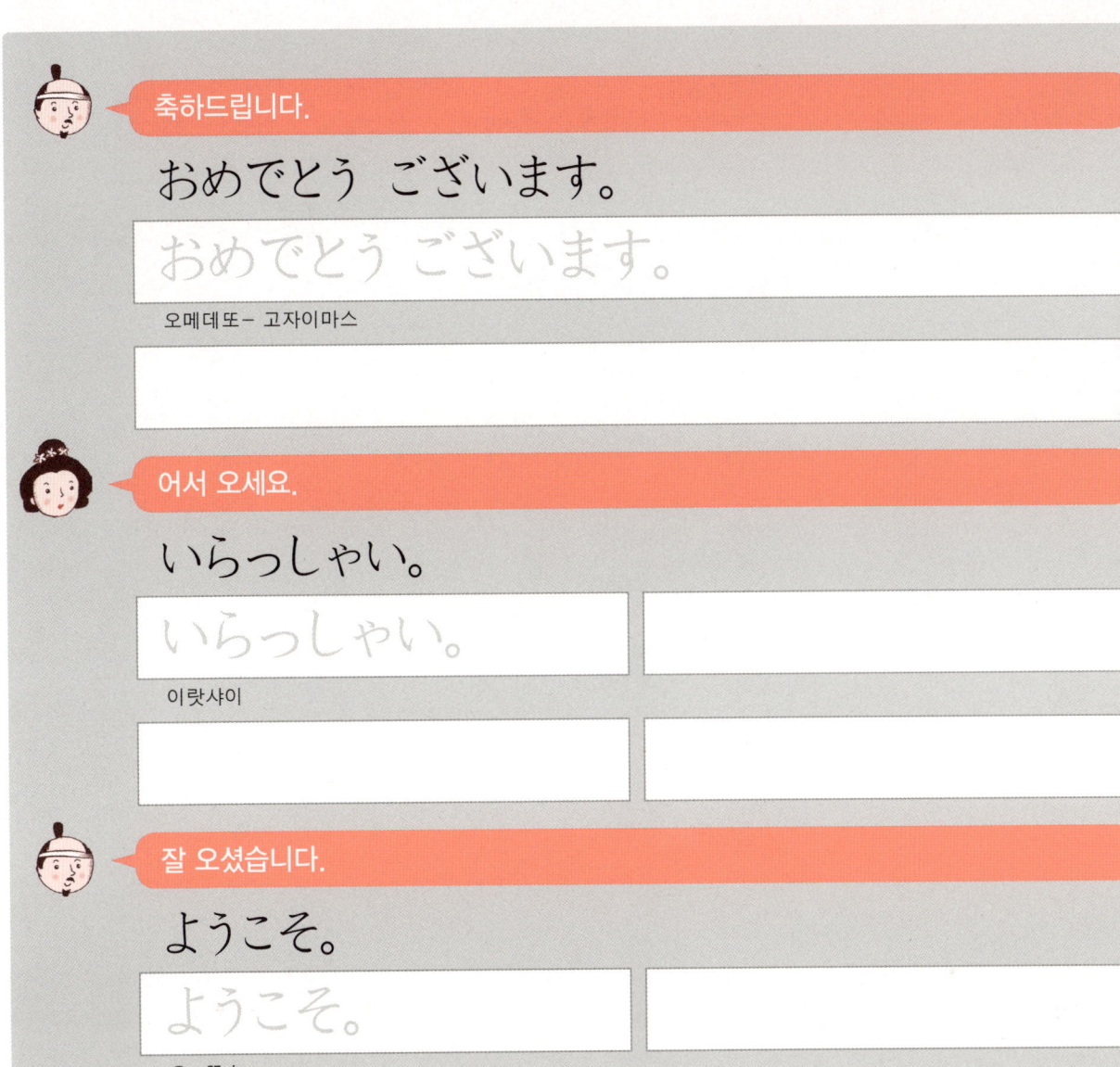

대화 표현

A: あおたんじょうび、おめでとう ございます。
오딴죠-비 　　　　　　 오메데또- 고자이마스

B: どうも ありがとう ございます。
도-모 아리가또- 고자이마스

A : 생일 축하드립니다.
B : 정말 감사합니다.